AF191431

BIRGIT OHLSEN
Germanistin und unabhängige Autorin.
Lebt und schreibt in ihrer Wahlheimat Berlin.
Mitglied im Verband deutscher Schriftsteller (VS).

Birgit Ohlsen

Der Wuppertaler Auschwitz-Prozess (1986-88)

Ausgewählte Mitschriften

 NordPark

Bibliografische Information der Deutschen Nationalbibliothek
Die Deutsche Nationalbibliothek verzeichnet diese Publikation
in der Deutschen Nationalbibliografie; detaillierte bibliografische
Daten sind im Internet über http://dnb.d-nb.de abrufbar.

Originalausgabe
2. Auflage 2016
© Birgit Ohlsen
© dieser Ausgabe NordPark Verlag, Wuppertal
Das Werk ist urheberrechtlich geschützt
Gesetzt in der Minion
Herstellung: Books on Demand GmbH, Norderstedt
Printed in Germany
ISBN 978-3-943940-15-2

NordPark Verlag · Klingelholl 53 · D 42281 Wuppertal
www.nordpark-verlag.de

Inhalt

Gewidmet dem Andenken an Jacob de Hond, einem der wenigen Überlebenden des Sonderkommandos von Auschwitz-Birkenau. Die mit eigenen Augen, am eigenen Leib erfahrenen Abgründe menschlichen Denkens und Handelns konnten seine grundsätzlich lebensbejahende Haltung nicht brechen: *Het leven is mooi* – das Leben ist schön! Trotz alledem.

»Jeder, der heute einem Zeugen zuhört,
wird selbst ein Zeuge werden.«

(Elie Wiesel)

I. Anstelle eines **Vorworts**
Die erste Fahrt nach Auschwitz (1985)

Mehr als ein Vierteljahrhundert ist das jetzt her. Ich bemühe meine Erinnerungen, suche die Notizen zusammen, die ich mir damals gemacht habe. Ein schwarzer Koffer, der seit Jahren unter meinem Schreibtisch steht, darin ein paar Notizblöcke, lose Blätter, Bücher. Versuche ich also, mit dem noch Vorhandenen der Erinnerung einen Anschub zu geben. Im günstigen Fall wird es mir gelingen, aus Puzzleteilen ein annähernd Ganzes zu gestalten. Eine Quintessenz aus dem Geschehen zu folgern wird nicht möglich sein. Denn noch ist das Gespenst, das braune, das schon einmal seine vernichtende Spur durchs Land zog, nicht vergangen. Es ist mächtiger geworden, hat es den Anschein. Unfassbarer, bedrohlicher.

Die 1980er Jahre als Epoche des politischen Umbruchs, des persönlichen Aufbruchs. Zeit des Nachholens von Abschlüssen, des Studiums. Während des zweiten Studienjahres ergibt sich unverhofft die Möglichkeit einer Mitfahrt nach Polen. Ania O., eine Freundin, fährt mit ihrem alten Opel zu einem Verwandtenbesuch und hat noch einen Platz frei.

Eine zuweilen beschwerliche Fahrt führt uns nach langer Anreise über Autostraßen, die hin und wieder mit Pferdefuhrwerken zu teilen sind, in die Nähe unseres Ziels.

Eine Dunstglocke liegt über der Herbstlandschaft, der Kindheitsduft von Kartoffelfeuer mischt sich mit dem Gestank aus hohen Fabrikschornsteinen. Im Vorbeifahren genießen wir einen wunderschönen Sonnenuntergang. Noch stimmen die Farben, noch ist der Zugang zur Ästhetik unverstellt.

Kaum nähern wir uns Krakau, sind die Richtungsschilder mit der Aufschrift »Oświęcim« am Straßenrand nicht zu übersehen.

Der erste Tag unseres Aufenthalts in Bielsko-Biała gehört am Morgen einer kleinen Führung durch die Stadt. Zwischendurch werden wir mit reichhaltigen und liebevoll zubereiteten Speisen schlesischer Hausmannskost bewirtet. Danach die Seilbahnfahrt in die nahen Beskiden. Welch eine Landschaft! Am Sonntagmorgen geht die Familie in die Kirche. Auch dies ist Tradition. Danach fahren wir. Knapp 30 Kilometer bis Auschwitz, es ist eine kürzere Strecke als geglaubt.

Ein Kreis schließt sich bei der Vorführung des schwarz-weiß-Films über die Befreiung des Konzentrationslagers durch die Rote Armee, der allen Besuchern gleich zu Beginn des Rundgangs vorgeführt wird. Ausgemergelte Überlebende sehen mit leeren Augen in die Kamera des Dokumentaristen, längst ist der Unterschied zwischen Männern und Frauen aufgehoben. Kleine Kinder in viel zu großer gestreifter Häftlingskleidung krempeln im Kollektiv den linken Ärmel hoch und zeigen der laufenden Kamera ihre eintätowierten Lagernummern. Längst schon haben sie ihre Namen vergessen.

Wir sehen zurück auf das Tor. Es ist das bekannte eiserne Tor mit der Aufschrift ARBEIT MACHT FREI. Mirek, unser Gastgeber, macht uns auf den vergrößerten oberen Bogen des »B« aufmerksam. Von Häftlingen gefertigt, verbildlicht es einen viel zu eng geschnallten Gürtel. *Seht her, Ihr, die ihr hinter die Fassaden schauen könnt. Seht her, wir verhungern, an Leib und Seele!*

Welche Eindrücke sind von dieser ersten Fahrt nach Auschwitz geblieben? Diejenigen, die im Gedächtnis verhaftet sind, geben das Raster vor für das auch im Nachhinein Unbeschreibliche.

Sich in flüchtiger Schrift übers Blatt kringelnde Sätze legen auch heute noch Zeugnis ab vom dem, was ich während der Besichtigung, im Weitergehen, in knappen Stichworten notiert habe. Es waren meine persönlichen Eindrücke, Ähnliches kann man überall nachlesen, macht man sich denn die Mühe. Ich habe Fotos gemacht, ähnliche kann man überall ansehen, wenn man möchte. Vielleicht sieht man auf einem dieser Fotos die Vitrinen mit den abgeschnittenen Frauenhaaren, darunter lange Zöpfe, aus denen mit den Jahren die Farbe gewichen scheint. Daneben Schuhe in kaum auszudenkender Vielfalt: Von grob geschnitzten Holzklompen niederländischer Landleute über flüchtig abgestreifte Kindersandalen bis zu teuren Damenpumps aus Krokoleder zeugen sie von einer Herkunft, wie sie unterschiedlicher nicht sein könnte.

Hinter weiteren Glaswänden zu willkürlichen Haufen getürmte Brillen: Nickelbrillen, Hornbrillen. Dazwischen fällt vielleicht, ein wenig verhakt, eine elegante weiße Damenbrille auf. Trug die Trägerin vielleicht keinen Judenstern auf ihrer Jacke? Wurde sie deswegen festgenommen und letztendlich mit dem Tode bestraft? Vor meinem inneren Auge spulen sich nicht enden wollende Sequenzen von Bildern ab.

In wandbreiten Reihen sehen den Betrachter die Abbilder starr in die Kamera blickender Menschen an. Kaum kann er ihnen ausweichen, schon wenden sie sich ins Profil. Getrocknete, aber auch frische Blüten beleben die Erinnerung an einst geliebte Menschen.

In einem anderen Block – ist dies nicht der Tatort von an Zwillingen vorgenommenen medizinischen Versuchen? – der klinisch rein erscheinende Raum mit den vielleicht in Kniehöhe eines Erwachsenen an den Wänden angebrachten Kinder-Waschbecken. Auf beigen Kacheln darüber necken sich fein gezeichnete spielende Kätzchen.

Ein gutes Jahr nach meiner Rückkehr aus Auschwitz begann der Prozess gegen den vormaligen SS-Unterscharführer Gottfried Weise aus Solingen.

Meine Entscheidung, die Verhandlung mitschreibend zu beobachten, lag auf der Hand. War ich vor Ort, so legte ich besonderes Augenmerk auf die Körpersprache des Angeklagten, der während der gesamten beschriebenen Zeit die Aussage verweigerte. Ob sich dies Verfahren dazu eignet, ein annähernd vollständiges Bild der Persönlichkeit dieses mehrfachen Mörders in der Maske eines Biedermanns zu vermitteln, wird sich bestenfalls im Nachhinein zeigen.

Berlin, im Mai 2015
Birgit Ohlsen

II.a. Die Anklage

Vom Oktober 1986 bis zum Januar 1988 stand der 1921 geborene Gottfried Weise als Angeklagter vor dem Wuppertaler Landgericht. Gegenstand des Verfahrens waren Tötungshandlungen, die der Angeklagte in dem von der nationalsozialistischen Führung während des Zweiten Weltkrieges in Südpolen errichteten Konzentrationslager Auschwitz im Jahre 1944 an Deportierten und Häftlingen des Lagers begangen haben soll.[1]

Bereits als 19-Jähriger wurde der Angeklagte Mitglied der Waffen-SS. Seine Verwundung im Russlandfeldzug, bei dem er ein Auge verlor, trug ihm bei seinem späteren Einsatz im Konzentrationslager Auschwitz, in das er im Mai 1944 abkommandiert wurde, den Namen »Der Blinde« ein, beziehungsweise »Ślepy« oder »Ślepak« in polnischer Übersetzung. In der Gefangeneneigentums- und Effektenlagerverwaltung im Lagerabschnitt Auschwitz-Birkenau war er dazu eingeteilt, als SS-Unterscharführer sowohl weibliche als auch männliche Sortierkommandos zu beaufsichtigen. Entsprechend der nationalsozialistischen Ideologie waren für ihn alle Häftlinge Staatsfeinde, die es auszurotten galt und die er infolge dessen als frei verfügbare Objekte seiner Willkür betrachtete und entsprechend behandelte. Durch sein brutales Verhalten war er unter den Häftlingen besonders gefürchtet und hatte den Ruf eines unberechenbaren und gewalttätigen SS-Aufsehers.

Drei Anklagepunkte, von denen auch in den folgenden Aussagen die Rede sein wird, seien hier skizziert:

---

1 Vgl. online-Publikation des Urteils durch das Landgericht Wuppertal und andere. Sinngemäß paraphrasiert, wie im Literaturverzeichnis belegt

15

Im Juni/Juli 1944 soll er einen Häftling, der nach einer kurzen Pause nicht sofort zum Dienst angetreten war, sowie zwei weitere Gefangene, die sich in einem mit Kleidung beladenen Eisenbahnwaggon versteckt hatten, mit Kopfschüssen getötet haben.

Im Spätsommer 1944 soll er einem etwa 6- bis 10-jährigen Jungen drei leere Konservendosen auf Kopf und Schultern gesetzt haben. Nachdem er die Dosen von dem Körper des Kindes geschossen hatte, soll er den Jungen aus kurzer Entfernung mit einem Schuss in dessen Gesicht getötet haben.

Einem jungen Mädchen soll er ebenfalls mehrfach Konservendosen vom Kopf geschossen und es dann durch einen gezielten Kopfschuss getötet haben.

Andere dem Angeklagten vorgeworfene Taten konnten ihm nicht sicher nachgewiesen werden.

II.b Die Mitschriften

Zeuge 1
Niederländer, 1920 in Antwerpen, Belgien, geboren. Konfektions-
händler. Er war zunächst im Hauptlager Auschwitz I, später in
Auschwitz II-Birkenau und ist einer der wenigen Überlebenden
des Sonderkommandos.

Richter	Wie kamen Sie ins Lager?
Zeuge 1	Ich kam aus Holland nach Birkenau. Geboren wurde ich in Belgien. Ich wurde verhaftet, weil ich keinen Judenstern trug. Ich wurde fünf Tage lang verhört. Das war ungefähr im August 1942.
Richter	Waren Sie die ganze Zeit in Birkenau? Immer an derselben Stelle?
Zeuge 1	Ja, immer im Aufräumungskommando. Anfangs sechs Wochen im Sonderkommando[2].

(Der Zeuge bekommt eine Skizzenmappe vorgelegt, unter anderem eine Übersichtsskizze über das gesamte Lager.)

Richter	Wo waren Sie in Birkenau untergebracht?
Zeuge 1	In der Steinbaracke, Block 8.
Richter	Gab es bei Ihrer Ankunft 1942 schon ein Frauen-lager?
Zeuge 1	Da gab es nur Männer. Was nach den sechs Wochen geschehen ist, weiß ich nicht.
Richter	In welchem Lager war Baracke 8?
Zeuge 1	Skizze 2, BIIc.
Richter	Da war das Lager der ungarischen Frauen!

---

2 Die Häftlinge, die die Leichen ermordeter Menschen aus den Gaskammern zu den Verbrennungsöfen oder -gruben bringen und die Opfer verbrennen mussten, gehörten dem »Sonderkommando« an. Vgl. Baum, S. 75 ff.; vgl. detaillierter Augenzeugenbericht des Lagerarztes Miklos Nyiszli in Adler/ Langbein, S. 64 ff.

Zeuge 1	1942 war *keine* Frau in Birkenau!
Richter	Nach sechs Wochen kamen Sie ins Stammlager Auschwitz, Sortierungskommando. Das war das »alte Kanada«[3].

(Der Angeklagte macht Notizen, mustert den Zeugen bei dessen Befragung aufmerksam.)

Zeuge 1	Wir wurden jeden Tag von Birkenau nach Auschwitz geführt zur Arbeit.
Richter	Wurden Sie morgens geweckt?
Zeuge 1	Wir wurden aus den Betten geprügelt.
Richter	Gab es Frühstück?
Zeuge 1	Ein Viertel Stück Brot, etwas Kaffee oder Tee. Dann gab es Appell[4]. Wir mussten zum Arbeitskommando antreten – unter Bewachung. Abends dieselbe Prozedur zurück.
Richter	Ging der Weg von Birkenau nach Auschwitz über freies Gelände?
Zeuge 1	Ja, den ganzen Weg. Innerhalb der Postenkette war alles frei.
Richter	Wurden Sie während des Gesamtaufenthalts verlegt?
Zeuge 1	Ich war sehr lange in Birkenau, dann wurde ich zurückverlegt ins Stammlager. In Birkenau gab es nur Steinbaracken, keine Straßen. In Auschwitz war es ein bisschen gepflegter.

---

3 Gemeint ist die Effektenkammer im Hauptlager Auschwitz I, die aus mehreren Baracken bestand und sich im Nordwesten des Stammlagers befand.

4 Appell ist mit Zählappell gleichzustellen und auch so zu verstehen. Morgens und abends mussten die Häftlinge sich in Fünferreihen aufstellen, damit der »Bestand« an Häftlingen überprüft werden konnte. Vgl. Hart, S. 83: Zywulska, S. 32; vgl. Kogon S. 101

Richter	Die alte Artilleriekaserne. Da wurde in Birkenau später das Effektenlager eingerichtet. Gab es auch eine Sortieranlage in Birkenau?
Zeuge 1	Ja. Ab September 1943.
Richter	Gab es auch ein neues Effektenlager?
Zeuge 1	Nein, nur das alte.
Richter	*(legt eine Skizze vor: das »neue Kanada« in Birkenau)*
Zeuge 1	Ich war oft in Birkenau, war dort aber nicht tätig.
Richter	Welche Tätigkeit übten Sie aus?
Zeuge 1	Wenn wir Nachtschicht hatten, brachten wir die Rollwagen ins Effektenlager.

(Der Angeklagte stützt das Kinn in die Hand, sieht interessiert auf den Richter, auf den Zeugen, dann wieder auf seinen Tisch.)

Richter	Wie war die Bewaffnung der SS-Leute?
Zeuge 1	Meistens Revolver. Die Postenkette trug immer Gewehre – Maschinengewehre. Im Effektenlager trug die SS nur Pistolen.
Richter	Haben Sie aus der Lagerzeit Übergriffe von SS-Leute gegenüber Gefangenen in Erinnerung?
Zeuge 1	Jeden Tag wurde geschlagen.
Richter	Geschlagen beim Wecken?
Zeuge 1	Das war der Stubendienst.
Richter	Schlug die SS willkürlich – oder gab es Anlässe?
Dolmetscher	*(greift ein und übersetzt)*
Richter	*(fasst zusammen)* Ohne jeden Anlass!? Auch mit der Peitsche? *(dann)* Ist Ihnen »Spazierstock« ein Begriff? War es nicht vielleicht eine Gerte?

Zeuge 1	Meistens Spazierstöcke.
Richter	Gibt es eine Erinnerung an einzelne SS-Leute?
Zeuge 1	Sicher. An die Namen Heinz, Otto. Weise[5], der hier sitzt … Die haben sich nicht vorgestellt … die haben sich mit Vornamen gerufen.
Richter	Hatte »Weise« auch einen Zunamen?
Zeuge 1	Ja, der Blinde. Hat etwas am Auge gehabt.
Richter	Bei der Vernehmung in Holland hatten Sie keine Erinnerung an Weise. Warum heute?
Zeuge 1	Die Erinnerung war nach so vielen Jahren etwas schwach. Später, bei der Unterhaltung mit Freunden, ist sie wieder zurückgekommen.
Richter	Können Sie die Namen der Freunde nennen?
Zeuge 1	*(nennt vier Namen)*
Richter	Wo fand das Gespräch mit Freunden über Weise statt?
Zeuge 1	Weise war im Effektenlager.

(Der Angeklagte tippt nervös mit der Handkante auf den Tisch, mustert den Zeugen. Beim Stichwort »neues Kanada« senkt er den Blick.)

Richter	Wer hat davon erzählt?
Zeuge 1	Die Mädchen, die dort gearbeitet haben.
Richter	Gezielt von diesem Mann?
Zeuge 1	Ja, von dem sagte man »das«.
Richter	Haben Sie von den »Büchsenvorfällen« gehört?
Zeuge 1	Vom Hörensagen. Mehrere Male.

---

5 Der Angeklagte. Im KL Auschwitz Unterscharführer (USchF).

Richter	Hat man auch erzählt, ob männliche oder weibliche Häftlinge betroffen waren?
Zeuge 1	Weiß ich nicht.
Richter	Wo soll das vorgefallen sein?
Zeuge 1	Im neuen Kanada[6].

(Der Angeklagte mustert den Richter.)

Richter	Haben Sie selbst etwas gesehen?
Zeuge 1	An einem Tag im »neuen Effektenlager« ist der Blinde mit einem Häftling rausgegangen. ...

(Der Angeklagte beugt sich nach vorn, um besser zu hören.)

... Der Blinde hat einem französischen Häftling eine Konservendose auf den Kopf gestellt und geschossen. Man sagte, das ist der Blinde.

(Der Angeklagte grinst, sieht auffordernd seinen Verteidiger an.)

Richter	Wurde er am Kopf getroffen?
Zeuge 1	Er ist zur Erde gefallen. Ein weiblicher Häftling sagte: Dieser SS-Mann ist der Blinde.
Richter	*(zeigt eine weitere Skizze)* Hier muss sich das zugetragen haben!
Zeuge 1	Ja!
Richter	In welchem Barackengang war das?
Zeuge 1	In etwa die rechte Reihe, eine von den letzten Baracken.

---

6 Die Bezeichnung »Kanada« steht für »Effekten-Kommando«. Im Lagerjargon auch anderer Konzentrationslager bedeutete dies Wort so viel wie ›Überfluss an allem‹. Vgl. Hart, S. 95 f.

Richter	Nicht etwa auf dieser Straße?
Zeuge 1	Nein!
Richter	Wie groß war der Abstand zwischen dem SS-Mann und dem Häftling?
Zeuge 1	Nicht mehr als 10 Meter.
Richter	Und der Abstand zwischen den Baracken?
Zeuge 1	10 bis 12 Meter. Vielleicht etwas weniger.
Richter	Wo stand der Häftling? Wo der SS-Mann?
Zeuge 1	Zwischen 7 bis 8 Meter rechts, der SS-Mann links.
Richter	Längs oder quer?
Zeuge 1	Quer.
Richter	Was für eine Waffe trug der SS-Mann?
Zeuge 1	Pistole.
Richter	Traf er beim ersten Schuss?
Zeuge 1	Er gab mehrere Schüsse ab.
Richter	Benutzte er auch mal Büchsen?
Zeuge 1	Manchmal. Man sah das nicht so genau. Der Häftling stand nicht still.
Richter	Musste er sich die Büchse selbst wieder auf den Kopf setzen?
Zeuge 1	Ja, das musste er allein machen. Was weiter geschah, weiß ich nicht.

(Der Angeklagte scheint sehr interessiert. Der Finger einer Hand liegt auf dem Mund. Mit der anderen Hand wischt er sich einen Krümel aus dem Augenwinkel.)

Richter	Mit wem standen Sie an der Barackentür? Mit holländischen Freundinnen?

Zeuge 1	Ich habe sie später nicht mehr wiedergesehen. Weiß nur noch die Vornamen. Joopje, Antje, Riet. Man kannte nur Vornamen.
Richter	Gingen Sie ab und zu ins Lager? Haben Sie Verbindung zu Holländern, die Sie mehrmals besuchten? Haben Sie daher die Erinnerung?
Zeuge 1	Ja.
Richter	Geschah das Ereignis nachts oder tagsüber?
Zeuge 1	Tags. Beim Appell musste jeder zurück sein im Lager. …

(Der Angeklagte grinst, macht sich Notizen.)

	… Ich habe aber davon gehört, dass sowas auch nachts geschah.
Richter	Gehört davon *vor* dem Vorfall oder *nachher*?
Zeuge 1	Auch vorher.
Richter	Haben Sie vom Vorfall mit dem kleinen Jungen gehört? …

(Der Angeklagte hebt den Kopf, mustert erst den Zeugen, dann den Richter, wird lebhafter.)

	… Der SS-Mann hat ihn tanzen, hüpfen lassen. Dann hat er ihm die Büchse auf den Kopf gestellt …
Zeuge 1	Davon ist mir nichts bekannt.
Richter	Kein Zeichen von Willkür?
Zeuge 1	Nicht willkürlich. Sadistisch!
Richter	Ja, es gibt noch eine Menge anderer Bezeichnungen.

	Gab es im Effektenlager noch andere Schießvor-fälle?
Zeuge 1	Ja, beim Aufstand[7].
Richter	Wo?
Zeuge 1	Im Krematorium. Alle Häftlinge mussten raus auf die Lagerstraße. »Aufräumungskommando«[8] war die offizielle Bezeichnung seines Kommandos.
Richter	Welche Lagerstraße genau?

(Die Skizze wird noch einmal vorgelegt.)

Zeuge 1	In der Nähe der Effektenkammer[9]!
Richter	Etwa wie viele Tote?
Zeuge 1	Mehrere 50. Es begann beim Effektenlager. Alle Menschen auf der Rampe wurden totgeschossen. Der SS-Mann Schillinger wurde mit der eigenen Pistole erschossen.[10]
Richter	In den Heften von Auschwitz Heft 8, S. 73, 6. Bericht zum 7.10.1944: » …Der Angriff auf die SS-Männer geschah mit selbstgebastelten Handgranaten. Ein Denunziant verriet die Aufständischen. …«

---

7 Am 7.10.1944 gelang es einigen Häftlingen des Sonderkommandos, das Krematorium IV in Brand zu stecken. Das Pulver für den Sprengstoff hatten Arbeiterinnen aus den Union-Werken herausgeschmuggelt. Vgl. Langbein, S. 302 f

8 Fachbezeichnung für die im Lagerjargon »Kanada« genannte Abteilung.

9 Das Kommando Effektenkammer befasste sich mit der Abnahme und Aufbewahrung der Habseligkeiten von Personen, die von der Gestapo ins Lager geschickt wurden. Vgl. Zywulska, S.115

10 Als ein Transport mit 1700 Juden aus dem KZ Bergen-Belsen auf der Rampe ankam, entriss eine Frau einem SS-Mann den Revolver und erschoss den SS-Oberscharführer Schillinger. Vgl. Adler/Langbein, S. 280

Zeuge 1	*(stimmt zu. Meint diesen Vorfall. Bejaht alles, auch das Datum)*
Richter	*(zitiert weiter)* »… abends wurden alle Toten vom Gelände ins Krematorium IV gebracht …«
Zeuge 1	Ja!
Richter	Wurden noch Lebende gefangen gehalten?
Zeuge 1	Weiß ich nicht.
Richter	Wie geriet das Krematorium in Brand?
Zeuge 1	Ich glaube, das Gas wurde in Brand geschossen.
Richter	Wurde vom Kommando im Widerstand nachträglich noch jemand erschossen?
Zeuge 1	Ja, alle. Das weiß ich vom Hörensagen.
Richter	*(zitiert weiter)* »…. 7. Spalte: …Weitere 200 am Leben gebliebene Häftlinge wurden erschossen. Es gab die Drohung, dass bei einem ähnlichen Vorfall alle Häftlinge erschossen würden.«
Zeuge 1	*(erinnert sich an die entsprechende Ansprache)*
Richter	War der Blechbüchsen-Vorfall davor oder danach?
Zeuge 1	Davor!
Richter	Lange davor?
Zeuge 1	Ja!
Richter	Wie lange?
Zeuge 1	Ungefähr ein Jahr vorher.
Richter	Da war der Blinde noch nicht im Lager!
Zeuge 1	Dann war es etwas später!
Richter	Was ist sicherer in Ihrer Erinnerung verankert: *Ślepy*[11] oder der Zeitpunkt 1 Jahr vorher?

---

11 Polnisch für »der Blinde«

Zeuge 1	*(verfällt ins Niederländische)* Ik ben zeker, dat dat Ślepy was![12] ...

(Der Angeklagte scheint amüsiert, tickt wieder lässig mit dem Kuli auf die Tischplatte.)

... Wer im Kanada war, hatte eine Chance zum Überleben!

Pause. Danach wird die Verhandlung fortgeführt:

Richter	Wer war der für Sie zuständige Kapo[13]?
Zeuge 1	Wir hatten viele Kapos. Später jüdische. Loek H. war der letzte Kapo. Ich ging mit ihm ins Frauenlager. Er lebt nicht mehr.
Richter	War der Häftling Franzose?
Zeuge 1	Das hat man gesagt: Der hat den Franzosen mitgenommen!
Richter	Wo war der Eingang zu den Baracken?
Zeuge 1	Man konnte die durch die Löcher in den Baracken beobachten.
Richter	Wie war das beim Aufstand?
Zeuge 1	Wir mussten hinterher die Toten einsammeln.
Richter	Auch aus dem Bereich Kanada?
Zeuge 1	Nein, von der Lagerstraße.
Richter	Sie blieben bis zum Januar 1945 im Lager Auschwitz.
Zeuge 1	Ja, bis zum 15. oder 16. Januar. Dann kam ich in ein Sammellager nach Gleiwitz. Danach zu Fuß

---

12 Ich bin sicher, dass das Slepy war! *(Übersetzung v. Verf.)*
13 Funktionshäftling bzw. Häftling, dem von der Lagerleitung gewisse Machtbefugnisse zugeteilt wurden.

nach Frankfurt. Zu Beginn waren wir 5000, dann wenige 50 ...

(Der Angeklagte dreht nervös einen Stift zwischen den Fingern.)

Richter	Um den 15., 16. Januar war ja der Bombenangriff.
Zeuge 1	Davon weiß ich nichts.
Richter	Ein- bis zweimal gab es einen Angriff, u.a. auf die Sanitätsbracke. Im November 1944 war die Auflösung von Kanada. Gemäß Ihrer früheren Aussage wurde das Effektenlager in Birkenau liquidiert.[14] Wie geschah das?
Zeuge 1	Alles, was übrig war, wurde auf Autos aufgeladen – bis alles leer war.
Richter	Gab es organisatorische Änderungen?
Zeuge 1	Weiß ich nicht. Wir wohnten als einzige Häftlinge im Zigeunerlager[15] in Birkenau, neben dem früheren Birkenau.
Richter	B II e war das Zigeunerlager?
Zeuge 1	Gut möglich.
Richter	Hieß da der Kapo Jupp?
Zeuge 1	Der ist dann abgeholt worden.
Staatsanwalt	Das Lager wurde bei der Verlegung geteilt. Sie kamen zum Aufräumkommando, das die Leichen vom Aufstand wegzubringen hatte.

---

14 Mit dem Heranrücken der sowjetischen Truppen wurden die Vergasungen eingestellt, der Abbau der Gaskammern wie auch der Krematorien begann, und Tausende Häftlinge wurden in westlich gelegene Konzentrationslager verlegt. Vgl. Spiegel, S. 52; vgl. Zywulska, S. 260
15 B II e war das Zigeunerlager. In ihm wurden Zigeuner familienweise bis zu ihrer Vernichtung im Jahre 1944 untergebracht. Vgl. Werle/Wandres S. 103; vgl. Augenzeugenbericht Elisabeth Guttenberger in Adler/Langbein, S. 131 ff.

Zeuge 1	Das war meine Hauptarbeit. Wir mussten die Koffer von der Rampe abholen und aufladen, dann haben wir dabei geholfen, die Leute aus den Viehwaggons zu holen. Dann wurden die Gepäckwagen aufgemacht und die Sachen entladen.
Staatsanwalt	Wurden die Sachen ins Kanada transportiert und dort abgeladen?
Zeuge 1	Ja, die Säcke wurden zugenäht, vors Kanada geschoben, verladen.
Staatsanwalt	War jemand im Waggon versteckt?
Zeuge 1	Ja, es wurde ein Zählappell gemacht und gesucht und gesucht.
Staatsanwalt	Was passierte mit dem Häftling?
Zeuge 1	Weiß nicht genau.
Staatsanwalt	Haben sich mehrere Häftlinge zum Fliehen in den Waggons versteckt?
Zeuge 1	Ich weiß nur von einem Fall.
Staatsanwalt	Standen SS-Leute an der Rampe?
Zeuge 1	Ja, Dr. Mengele[16].
Staatsanwalt	Andere Namen? Haben Sie den Blinden an der Rampe gesehen?
Zeuge 1	Nein. Es gab dort nur sehr schlechte Beleuchtung.
Staatsanwalt	Gesetzt den Fall, ein Häftling verschlief den Arbeitseinsatz und wurde gesucht ... Ist das vorgekommen?

---

16 Der SS-Arzt Dr. Josef Mengele war, neben anderen Lagerärzten, im KZ Auschwitz für die Selektionen an der Rampe zuständig. Er entschied dort, unmittelbar nach der Ankunft der Waggons, über Leben und Tod. An ausgewählten Häftlingen, u.a. an Zwillingen, unternahm er medizinische Versuche, die fast immer tödlich endeten. Vgl. Bedürftig, S. 226; vgl. Bastian, S. 82 ff

Zeuge 1	Oft. Aber wehe, wenn der sich gewehrt hat!
Verteidiger 1	Ich beziehe mich auf den Büchsenvorfall. Der Zeuge gibt an, er habe Weise durch ein »Astloch« gesehen. ... Wie kam es dazu, dass Sie durch das Loch sahen?
Zeuge 1	Als der Franzose mitgenommen wurde, war bekannt, was passieren würde. Man hat sofort geguckt.
Verteidiger 1	Wurde der Franzose aus der Frauenbaracke geholt?
Zeuge 1	Ja.
Verteidiger 1	Waren da mehrere Männer?
Zeuge 1	Ja.
Verteidiger 1	Männer oder Frauen?
Zeuge 1	Beide, zur gleichen Zeit. Wenn nur Frauen drin gearbeitet hätten, wäre es streng verboten gewesen.
Verteidiger 1	Wer hat den Franzosen denn rausgeholt? Wusste *jeder* im Lager von derartigen Vorfällen?
Richter	*(lässt die Frage so nicht zu)*
Verteidiger 1	Sprach sich so etwas denn herum? Wann sahen Sie zum ersten Mal einen derartigen Vorfall, wann zuletzt?
Zeuge 1	Ich war ein paarmal dort und habe mehrmals einen SS-Mann gesehen. Weiß aber nicht genau, ob es Weise war.
Verteidiger 1	Also nicht?
Zeuge 1	Also, genau ... wann ...
Verteidiger 1	Zum Verhör in Holland ...
Zeuge 1	... Es kam alles erst langsam zurück in die Erinnerung ...

Verteidiger 1	Zu Beginn der Vernehmung in den Niederlanden wurde das Büchsenschießen erwähnt.
Zeuge 1	Kann mich nicht genau erinnern.
Verteidiger 1	Nur in dieser Sache?
Zeuge 1	Nein. In Frankfurt, Wien, Holland.
Verteidiger 1	Wie oft etwa?
Richter	Letztes Jahr in Wien …
Verteidiger 1	Herr Richter, wir wollen doch dem Zeugen die Beantwortung allein überlassen!
	Also: Das Thema war vorab in den Niederlanden bekannt. Ich erinnere an konkrete Fragen, die Ihnen vorgelegt wurden. Sie haben zu allen einzelnen Fragen einzelne Antworten gegeben!
Dolmetscher	*(wirft ein)* Die Frage ist zu lang, ich kann sie nicht verstehen.
Verteidiger 1	Ich halte nur vor. Die Frage kommt noch!
Staatsanwalt	Der Verteidiger soll zum Gespräch fragen, nicht zum Protokoll. Das kann auch anders abgefasst sein!
Verteidiger 1	Das kann im Anschluss ja noch gefragt werden.
	Zu Frage 5: Wie waren die Lichtverhältnisse, wie der Abstand?
Richter	*(zu Verteidiger 1)* Jetzt werden Sie aber etwas … Fragen Sie direkt!
Verteidiger 1	Ich halte die Klärung dieser Fragen für wichtig. Vor der Befragung zum Büchsenschießen.
Richter	Ich verstehe die Art der Fragestellung nicht.
	(schlägt dem Verteidiger vor, den Zeugen zum ersten Teil von Frage 5 zu befragen)
Staatsanwalt	Jetzt konkret!

Richter	Herr Staatsanwalt, ich weiß nicht, warum wir dem Herrn Verteidiger bei der Formulierung der Frage helfen sollten.

(Der Wachtmeister wird zum Richter zitiert.)

Richter	*(zum Zeugen)* Ich komme zum 2. Teil, 5. Frage. Das lese ich jetzt vor, und der Dolmetscher übersetzt:»Wurde die Frage seinerzeit von Beamten vorgelegt und beantwortet?«
Zeuge 1	Diese Frage ist mir gestellt worden.
Verteidiger 2	War sie mit »Büchsenschießen« verbunden?
Zeuge 1	Ja.
Verteidiger 2	Haben Sie sich in Bezug auf das Büchsenschießen an den Namen Weise erinnert oder an den Blinden, Ślepy?
Zeuge 1	Ich kannte keinen Weise. Nur den Blinden.
Verteidiger	Haben sie ihn damit in Verbindung gebracht?
Zeuge 1	Ja.
Verteidiger 2	Frage 9: »Erinnert sich der Zeuge an den »Blinden« oder an »Ślepy«, was kann er davon berichten. Diese Frage haben Sie damals mit »Nein!« beantwortet.
Richter	Der erste Teil, Frage 5 ist eben ausgespart worden. Sie lautet:»Angaben zur Tat«. Daraus geht hervor, dass er zur Tat informiert worden sein muss. Daher habe ich kein Verständnis für Ihr Beharren auf Teilfrage 2.! ....

(Der Angeklagte nuckelt an einer Daumenspitze; macht einen nervösen Eindruck.)

... Frage 2, Teil 5 wurde damals nicht beantwortet!

Verteidiger 1	Eine weitere Frage. Wurden Ihnen damals Licht-bilder gezeigt?
Dolmetscher	*(muss jetzt häufiger eingreifen)*
Zeuge 1	Nein.
Verteidiger 1	Ich bin dann fertig!
Verteidiger 2	Sie waren in Birkenau, Abschnitt BIIc. Von wann bis wann?
Dolmetscher	*(legt den Arm beschützend auf die Stuhllehne des Zeugen)*
Richter	BIIc ist nicht korrekt, Herr Verteidiger. Es ist durchaus möglich, dass es sich um BIId handelt.
Verteidiger 2	*(räumt ein, sich geirrt zu haben. Weiter, nervös)* Von Auschwitz nach Birkenau ins Zigeunerlager BIIe. Wann waren Sie in dem Bereich?
Zeuge 1	Ungefähr von November 1944 an – und noch einige Zeit danach.
Verteidiger 2	Von wo aus kam man ins neue Kanada hinein?
Zeuge 1	Man konnte sich, in Begleitung eines Kapos, frei bewegen im Lager.
Verteidiger 2	Zwischen den einzelnen Lagerabschnitten, die bewacht waren? Auch im Effektenlager?
Zeuge 1	Es gab eine Torwache.
Verteidiger 2	Was war der Dienstgrad des Weise?
Zeuge 1	Niedriger Rang.
Verteidiger 2	Trug er eine Pistole oder einen Revolver?
Zeuge 1	Ich kenne keinen Unterschied.
Verteidiger 2	*(befragt den Zeugen zu Namen von Aufsehern)*
Zeuge 1	*(erinnert sich an Namen, aber »die Erinnerung verwischt sich«)*

Verteidiger 2	Was genau wurde in Israel erzählt?
Zeuge 1	*(wird jetzt gedolmetscht. Zittert währenddessen)* Als wir drüber sprachen, habe ich mich gut erinnert.
Richter	Haben Sie im letzten Urlaub über Weise gesprochen?
Zeuge 1	Nein. Nur ein Telefonat, aber nicht über den Fall.
Richter	Zu Skizze IV. Was geschah bei der Auflösung im November 1944?
Zeuge 1	Das Lager wurde im Ganzen liquidiert, saubergemacht. Nur die Entwesungskammer[17] war noch da.
Richter	*(wendet sich an den Angeklagten)* Herr Weise, Sie sind hier durch zwei Verteidiger vertreten. Sie können das Schweigen jederzeit brechen! Wir haben den Kern der Sache heute getroffen!

(Der Angeklagte grinst, hebt die Hände gespielt ratlos, schweigt.)

Der Zeuge wird als Opfer nicht vereidigt.

---

17 Umschreibung für »Gaskammer«. Die sogenannte »Entwesungskammer« befand sich weit vor dem Lager, aber innerhalb der großen Postenkette. Vgl. Baum, S. 77

Zeuge 2

Deutscher, Jahrgang 1922, gelernter Metzger. Der Zeuge ist 1942 deportiert worden. Er kam am 3. März 1943 in Auschwitz an. Seine Eltern, sein Bruder, seine Schwester und seine erste Ehefrau sind in KZs umgekommen. Seine Frau hat er bei der Selektion an der Rampe in Auschwitz zum letzten Mal gesehen.

Richter   Wo waren Sie in Auschwitz?

Zeuge 2   Der Reihe nach in Monowitz, in Birkenau, in Jaworzno. In Birkenau war ich im Abladungskommando. Ab Mai 1944 war ich in der Effektenabteilung eingesetzt. Es gab hier eine neue Effektenkammer. Ich kam von der Schwerarbeit nach »Kanada«. Es gab besseres Essen, Suppe, und wir konnten öfter in die Sauna gehen und duschen.

Richter   Dort war man relativ sicher?

Zeuge 2   Ja, aber es gab auch Schläge!

Richter   Wann waren Sie im Kanada?

Zeuge 2   Von Mai bis Oktober 1944. Dann folgte die »Verschickung ins Innere des Deutschen Reiches«.

Richter   Gab es zu der Zeit das neue Effektenlager schon?

Zeuge 2   Einige Baracken waren schon da, andere wurden noch gebaut, auch die Lagerstraße. Die Arbeiter waren Häftlinge – meistens Zigeuner[18]. Das »alte Kanada« habe ich nie kennengelernt. Ich war ein halbes Jahr lang in einer sogenannten »Strafkompanie« untergebracht, in einer Steinbaracke.

Richter   Hatten Sie Bewegungsfreiheit?

---

18 Im vorliegenden Zusammenhang wird der Begriff »Zigeuner« verwendet, da es sich um einen historischen Kontext handelt.

Zeuge 2	Sehr eingeschränkt. Vom Barackenbereich ging es unter Bewachung durchs Tor zur Sauna.
Richter	Wurden die Sachen in der Effektenkammer nur aufbewahrt?
Zeuge 2	Nein, auch sortiert. Lebensmittel, Essgeschirr.
Richter	Sie durften da nicht ran?
Zeuge 2	Nein!
Richter	Worin bestand Ihre Tätigkeit im Kanada?
Zeuge 2	Abladen, schnell, schnell, schnell! Abladen und rein tragen. Dann sortieren in Textilien, Lebensmittel.
Richter	Wie viele Häftlinge waren im Durchschnitt da?
Zeuge 2	Weiß ich nicht, kann man nicht sagen. Das hing von der Größe des Transportes ab. Manchmal war das überhaupt nicht zu bewältigen.
Richter	Kann es sein, dass es zeitweilig bis zu 1.000 Leute waren?
Zeuge 2	Kann sein. Wir haben dann in zwei Schichten gearbeitet.
Richter	Wie war die Behandlung?
Zeuge 2	Genau wie in anderen Lagern auch. Es gab natürlich welche, die besser waren als andere. Wie ein 2-Kilo-Stuten, wo der Bäcker eine Rosine reingetan hat. Namen weiß ich nicht. Nur Dienstgrad.
Richter	Einer ist Ihnen noch bekannt?
Zeuge 2	Ja, Unterscharführer Wunsch[19]. Das war eine Rosine!

---

19 Unterscharführer *Franz Wunsch* findet in den vorliegenden Aussagen wie auch in Überlebensberichten von ehemaligen Auschwitz-Häftlingen (vgl. Literaturanhang) mehrmals eine positive Erwähnung. In der Tat hat er sich während seiner Zeit als SS-Mann in Auschwitz-Birkenau durch eine Liebesbeziehung zu einer slowakischen Jüdin zeitweise vom Saulus zum Paulus gewandelt.

Richter	Sind Ihnen noch irgendwelche Übergriffe von SS-Angehörigen in Erinnerung?
Zeuge 2	Ein Unterscharführer hat so geschlagen und getreten, verschiedene Häftlinge bis zur Grenze der Bewusstlosigkeit. Einmal lag ein toter Häftling auf dem Rollwagen. Auf meine Frage, was passiert sei, bekam ich die Antwort, ein SS-Mann hat geschossen.
Richter	Beschreiben Sie den SS-Mann!
Zeuge 2	Ja, er sitzt dort, ich hab ihn sofort wiedererkannt, wie ich heut Morgen hier reingekommen bin.
Richter	Wurde Ihnen eine Lichtbildmappe vorgelegt? Erkennen Sie ihn nach dem Foto?
Zeuge 2	Nein, ich habe ihn im Effektenlager gesehen.
Richter	Können Sie bestimmte Merkmale beschreiben?
Zeuge 2	Wir haben gesagt: der Blinde.
Richter	War das eine deutsche oder eine andere Bezeichnung?
Zeuge 2	Die Polen haben anders dazu gesagt.
Richter	Haben Sie den Namen »Ślepy« mal gehört?
Zeuge 2	Ja, aber ich wusste nicht, in welchem Zusammenhang.
Richter	Stimmt der Zusammenhang?
Zeuge 2	Ja. Er schlug nicht nur einmal, das war an der Tagesordnung.
Richter	War er besonders streng?
Zeuge 2	Brutal, ja, das hat mit Strenge nichts mehr zu tun!
Richter	Und im Verhalten zu anderen Aufsehern?
Zeuge 2	Er war an der Spitze!

Richter	Gab es außer Schlägen noch etwas?
Zeuge 2	Es wurde auch mit dem Gewehrkolben geschlagen.
Richter	Und der Angeklagte?
Zeuge 2	Mit dem Stock!
Richter	Mit dem Gewehrkolben nicht?
Zeuge 2	Da bin ich mir nicht sicher.
Richter	Welche Schimpfwörter wurden gebraucht? Wiederholen Sie ein paar!
Zeuge 2	»Mistjude«, »Dich hat man vergessen zu vergasen« … (etc.)
Richter	Haben Sie noch besondere Vorfälle mit dem »Blinden« in Erinnerung?
Zeuge 2	Gehört ja, gesehen nicht. Gehört: Bist du nicht schnell genug gewesen, dann hat er geschossen. Hab vorhin erzählt vom dem Häftling, der erschossen war. Das war der Blinde, hat man mir gesagt.
Richter	Was passierte, wenn im Lager ein Häftling zu Tode kam?
Zeuge 2	Morgens und abends war Appell. Es wurde abgezählt und Meldung an den Leiter gemacht: Zugang, Abgang, Totmeldung.
Richter	*(kommt auf den Erschossenen zurück)* Was passierte abends beim Zählappell? Wurde der Verantwortliche zur Rechenschaft gezogen?
Zeuge 2	Vom Rapportführer. Das war Ober- oder Hauptscharführer Hahn[20]. Soviel ich weiß, war er der Oberste im Effektenlager.
Richter	Da gab es keinen, der darüber gewesen ist?

---

20 D.i. Zeuge 10

Zeuge 2	Wüsste ich nicht!
Richter	Würden Sie Hahn wiedererkennen?
Zeuge 2	Hab ihn heute früh auf dem Flur wiedererkannt.
Richter	War jemand über ihm?
Zeuge 2	Weiß nicht, wer über ihm gestanden haben soll!
Richter	Welche Verletzung hatte der erschossene Häftling?
Zeuge 2	Kann ich nicht sagen. Wir haben das Blut da liegen sehen.
Richter	Gab es derartige Fälle mehr?
Zeuge 2	Nein, gesehen hab ich's im Lager nicht, aber andere Häftlinge haben davon erzählt!
Richter	War das »allgemeiner Sport« unter den Bewachern – oder war es ein und derselbe?
Zeuge 2	Ein und derselbe.
Richter	Der Blinde?
Zeuge 2	So genau ist das!
Richter	Bei einer früheren Vernehmung waren Ihre Erinnerungen nicht so deutlich wie jetzt. Früher war es ein Gewehrkolben, heute wissen Sie das nicht. Damals waren Sie unsicher, ob getreten wurde, heute sagen Sie: »Mit Sicherheit getreten.«
Zeuge 2	Das mit dem Treten ist mir jetzt wieder eingefallen. »Gewehrkolben« kann ich jetzt nicht mehr sicher sagen. Andere SS-Leute haben auch mit dem Gewehrkolben geschlagen.
Richter	Für uns hier ist Exaktheit sehr wichtig. Besonders in Bezug auf den Einäugigen. Wir können jemanden nicht für das verantwortlich machen, was er nicht getan hat.

Zeuge 2	Ich sage auch heute, dass ich es nicht gesehen habe.
Richter	Wie sicher ist es denn, dass das richtig ist, was Sie uns heute sagen?
Zeuge 2	Das, was ich heute sage, ist richtig.
Richter	Damals war Ihnen der »Blinde« nicht bekannt.
Zeuge 2	Der Einäugige!
Staatsanwalt	*(stellt klar, dass der Zeuge zur Vernehmung bei ihm unvorbereitet war)* Ist es richtig, dass Ihnen dann im Anschluss noch einiges einfiel?
Verteidiger	Haben Sie über den Prozess in der Zeitung gelesen? Im Radio, Fernsehen davon Kenntnis erlangt?
Zeuge 2	Ja!
Verteidiger	Über die Art der Vorwürfe?
Zeuge 2	Ja!
Verteidiger	Welcher Art?
Zeuge 2	Was der Richter vorhin gesagt hat mit den Büchsen vom Kopf schießen.
Richter	*(macht den 2. Verteidiger darauf aufmerksam, dass der Zeuge ja geladen war und daher aufmerksam die Medien verfolgte)*

Pause. Danach wird die Verhandlung fortgeführt:

Richter	*(wendet sich wieder dem Zeugen zu)* Hat sich jemand um den Toten gekümmert?
Zeuge 2	Das konnten wir ja nicht. Wir durften die Arbeit ja nicht unterbrechen.
Richter	Woher wusste man denn, dass man sich nicht um den Toten kümmern durfte?

Zeuge 2	Das war allgemein bekannt!
Richter	Waren Sie am 29.5., Ihrem Geburtstag, schon im neuen »Kanada«?
Zeuge 2	Ich habe gesagt »Ende Mai, Anfang Juni«.
Richter	*(kommt wieder auf den Dienstrang des brutalen SS-Mannes zurück; liest nochmal entsprechende Passage)*
Zeuge 2	Dann habe ich das nicht richtig mitbekommen. In der Vernehmung 1985 habe ich nichts davon gesagt. Dann muss ich mich entschuldigen. Ich hab's damals nicht gewusst, jetzt aber weiß ich's.

Als Geschädigter wird der Zeuge nicht vereidigt.

Zeuge 3

Niederländer, geboren 1914. Der Zeuge lebt in Amsterdam und ist nicht mehr berufstätig. Bevor er nach Auschwitz kam, war er u.a. in den Konzentrationslagern Dachau und Buchenwald. Spricht deutsch. Er gehört zu den wenigen Überlebenden des Sonderkommandos.

Richter	Sie hatten eine schwere Zeit in Ihrer Vergangenheit. Ich bitte Sie dennoch um Verständnis! … Von Juli 1942 bis Oktober 1944 waren Sie im Konzentrationslager Auschwitz. Der Grund war der, dass Sie ein Jude waren. Nach Oktober 1940 waren Sie u.a. in Buchenwald, Oranienburg, Sachsenhausen. In welchem Lagerbereich waren Sie in Auschwitz?
Zeuge 3	Ja, das weiß ich genau. Im Juli 1942 kam ich nach Birkenau. Da bin ich sechs Wochen geblieben. Es war schrecklich bei der Ankunft! »Komm, Jude, du hast noch einen Tag zu leben!« – Viele Tote lagen vor den Baracken. In den Baracken waren etwa tausend Leute. Anfangs wurden ihnen die Kleider noch nicht abgenommen. …

(Der Angeklagte wippt scheinbar gelangweilt mit dem Oberkörper vor und zurück, beißt sich dabei auf die Unterlippe.)

Zeuge 3	… Anfangs wusste man nicht, wer schlimm war und wer nicht. Bewegen, bewegen – und bei jeder Arbeit wurde man geschlagen. Jedes Mal gab es acht oder neun Tote. Nach zwei, drei Wochen waren vierzig Leute krankgemeldet. Sie wurden mit

	dem Stock über der Kehle totgemacht.[21] Abends lagen sie vor der Baracke. – Die Menschen, die ankamen, wurden eingeteilt in Arbeitsfähige, nicht Arbeitsfähige. Bei schwerer Arbeit gab es gutes Essen. Andere Leute wurden aus dem Bett geprügelt.
Richter	Gibt es da eine zeitliche Einordnung?
Zeuge 3	Im Juli 1942 kam ich nach Birkenau, fünf bis sechs Wochen später nach Auschwitz. Im August kam ich dann nach Kanada.
Richter	Wohin exakt in Kanada?
Zeuge 3	In Auschwitz I. Später, *enkele*[22] Monate, wurde ich nach Birkenau geschickt, das war näher an der Rampe dran. Da bin ich geblieben bis … *(wirkt deutlich nervös, bringt niederländische und deutsche Satzfragmente durcheinander)*
Richter	Als Erinnerungsstütze: Aufstand, Brand im Krematorium. Wo waren Sie zu dem Zeitpunkt?
Zeuge 3	*(hat sich wieder gefasst)* Der Reihe nach: Im Arbeitslager zwischen Birkenau und Auschwitz musste ich sortieren etc. Nicht nur Tagschicht, auch Nachtschicht, dann *(zögernd)* die Arbeit an der Rampe.
Richter	Wurde die Rampe irgendwann verlegt?
Zeuge 3	Es gab zwei Veränderungen: Anfangs wurden die Häftlinge auf »Schmuggelware« gefilzt, dann mussten sie die Schuhe ausziehen. Keiner vom Auschwitz-Kommando durfte dazu kommen. Zurückmarschieren ohne Schuhe. Der Scharfüh-

---

21 Im Lagerjargon nannte man diese besonders perfide Tötungsart »Krawatte-Legen«. Vgl. Werle, Wandres Ss. 69, 111; S. auch Aussage Zeuge 9
22 Einige *(Übersetzung v. Verf.)*

	rer sagte: »Ihr seid ohne Schuhe gekommen, ohne Schuhe geht Ihr wieder zurück.« Das ging eine Woche lang so. Dann wurden 50 Mann für die sehr schwere Arbeit in den Kohlegruben ausgesucht.
Richter	*(kommt auf seine Frage zurück)* Wo war die Rampe?
Zeuge 3	Neben Birkenau.
Richter	Ursprünglich nicht?
Zeuge 3	Stimmt, erst später.
Richter	Als die Rampe in Birkenau war – waren Sie da auch noch?
Zeuge 3	Stimmt! Wir mussten die Transporte abholen, die Leute … Schlimme, grausame Sachen … das konnte ich auch später den Frauen und Kindern nicht erzählen. Von den Leichenwaggons, den Schlägen in den Nacken, um in den Waggon zu gehen. Auch Lebende waren noch drin, noch nicht ganz tot. Ein kleiner Bursche von zwölf Jahren. … Der nächste Transport waren Kriegsverletzte. Denen wurden die Krücken weggetreten. Einer alten Frau wurde mit dem Stiefel ins Gesicht getreten.
Richter	Die SS war sicherlich daran interessiert, die Leute ruhig zu halten?
Zeuge 3	Ich sage Ihnen, warum. Im Zug waren auch Tote … das war ganz unterschiedlich.

(Dem Zeugen wird eine Skizze vorgelegt. Darauf sind das Frauenlager und das Männerlager abgebildet. Die Verteidigung kommt zum Richtertisch, dann der Reihe nach der Dolmetscher, der Nebenkläger und der Staatsanwalt.)

45

(Der Angeklagte seufzt. Er sitzt jetzt ungeschützt und allein auf der Anklagebank und verfolgt aufmerksam das Geschehen am Richtertisch.)

Zeuge 3   *(während er die Skizze beschreiben soll, sprudelt es aus ihm heraus)* Die Kleiderhaufen waren denen egal. Hauptsache, die Juden kommen weg …

Richter   *(versucht vergebens, ihn zu unterbrechen, zeigt zurück auf die Skizze)*

Zeuge 3   … Die Leichen wurden in den Gräben verbrannt. Man sah nur Feuer, Rauch, hörte Schreie …

Richter   Wurden auch Menschen lebend in die Grube geworfen, wenn die Kapazitäten der Krematorien ausgeschöpft waren?

Zeuge 3   Das war gut möglich.

Richter   Konnten Sie jeden Tag duschen?

Zeuge 3   Ja!

Richter   Wo waren die Duschen? … Der Zugang zu den Duschen hieß »Sauna«. Gab es da einen freien Zugang?

Zeuge 3   *(bezeichnet den Weg auf der Skizze)*

Richter   Mussten Sie durch eine Absperrung gehen?

Zeuge 3   Es gab eine Torwache. Kein SS-Mann. Wenn wir durch wollten und sagten »Sauna!«, dann ging das.

                 (zurück an die Plätze)

Richter   *(zeigt Skizze 2: Die Schienentrasse, die Rampe neben dem Frauen- und Männerlager; legt dann Skizze 3 vor und wendet sich an den Zeugen)*
                 Wo war vorher die Rampe?

Zeuge 3	Nicht im Lager. Die Eisenbahnlinie diente auch Militärtransporten.
Richter	*(zeigt auf Skizze 3)* Wo war das alte Kanada zuerst?
Zeuge 3	*(zögert lange)*
Richter	Ich gehe davon aus, dass Sie den Plan nicht kennen!?
Zeuge 3	*(scheint sich jetzt orientiert zu haben)* In der Mitte irgendwo! Nach 43 Jahren kann ich das nicht mehr genau sagen!
Richter	Bis Oktober 1944 waren Sie bis zur Verschubung nach Oranienburg oder Buchenwald im Kanada – oder erst wieder in Auschwitz?
Zeuge 3	Abgeholt wurde ich aus dem Kanada.
Richter	Noch einmal eine Erinnerungsstütze: Wo mussten Sie sich aufstellen?
Zeuge 3	Im Kanada!
Richter:	Gab es eine Auswirkung auf Kanada?
Zeuge 3	Die Leute vom Sonderkommando wussten, dass sie vergast werden sollten.[23] Um den 20. Juli herum gab es Gerüchte. Es gab immer auch Partisanen.[24] Es gab den Auftrag, bei Gelingen aus den Wachstuben Waffen zu organisieren.
Richter	Bezieht sich das auf den 20.07. oder auf den 7.10.1944?

---

23 Von Zeit zu Zeit wurde das Sonderkommando, das in den Krematorien für die Verbrennung der Leichen eingesetzt war und aus jüdischen Häftlingen bestand, durch Gas umgebracht, um keine unerwünschten Mitwisser der Massenvernichtung am Leben zu lassen. Vgl. Wehrle/Wandres S. 195

24 Es gab im KZ Auschwitz, wie auch in anderen Lagern, einen organisierten Widerstand.»Keimzellen waren Freundesgruppen, die sich aus der Freiheit oder einem anderen Lager her kannten, Gesinnungsgenossen, schließlich Landsleute.« Vgl. Adler/Langbein, S. 229 f.

Zeuge 3	*(scheint nicht verstanden zu haben. Der Richter schaltet den Dolmetscher ein)*
Dolmetscher	Vor dem Anschlag auf den *Führer.*

(Der Richter sieht den Dolmetscher verwundert an.)

Zeuge 3	*(antwortet jetzt selbst)* Das ist kein Wunder. Die Außenarbeiter hatten Verbindung mit den Partisanen.
Richter	Was aber geschah am 7.10.1944?
Zeuge 3	Das Sonderkommando hat sich aufgelehnt gegen die Tötungen!
Richter	Nochmals: Welche Auswirkungen hatte das auf Kanada? Was haben Sie selbst gesehen?
Zeuge 3	Schießen etc., alle mussten in die Baracke, dann wieder mussten alle zum Appell neben dem Krematorium kommen. Die Leute vom Sonderkommando riefen: *Kanada hilf, hilf!* – Wir waren aber nicht bewaffnet. Die wurden alle erschossen.
Richter	Sind möglicherweise Häftlinge vom Sonderkommando ins Kanada geflohen?
Zeuge 3	Das glaube ich nicht!
Richter	Kam denn keiner aus dem Kanada zu Hilfe?
Zeuge 3	Das war nicht möglich!
Richter	Ich beziehe mich auf Auschwitz, wo Sie waren. Gab es dort auch Leichenhaufen im Kanada?
Zeuge 3	Was meinen Sie?
Richter	Auch Erschießungen, Tote …?
Zeuge 3	Ja, es wurde auch auf mich geschossen. So aus Spaß, ob sie auch einen treffen. Das war im »alten«

	Kanada. Andere fragten mich: Hast du das nicht bemerkt?
Richter	Haben Sie Derartiges auch im »neuen« Kanada erlebt? Schildern Sie das!
Zeuge 3	Ja, erlebt. Ich habe so viel gesehen! Im »neuen« Kanada durften wir nicht zu den Frauen. Wir sind aber zu den Frauen gegangen, obwohl das verboten war. Die Frauen kamen nicht an Lebensmittel, da haben wir ihnen welche gebracht.
Richter	Ist Schießen vorgekommen?
Zeuge 3	Im »alten« wie im »neuen«.
Richter	Mich interessieren die Einzelheiten.
Zeuge 3	Ich arbeitete an der Baracke bei den Mädels. Einmal war einer – er sitzt dort, ich habe ihn erkannt – *(zeigt auf den Angeklagten)* – man hat mich gewarnt, der hat mich so geschlagen, dass ich an drei Tagen nicht arbeiten konnte.

(Der Angeklagte hält die Hand hinters linke Ohr.)

Zeuge 3	*(fährt fort)* Kopf, Rücken, Arsch. *Ik ken hem nu, daar ik hem zie!*[25]

(Der Angeklagte wippt mit dem Oberkörper, vor und zurück, kaut währenddessen.)

Richter	Sie wurden von Weise geschlagen?
Zeuge 3	Ja, genau …
Richter	In welchem Zusammenhang geschah das?
Zeuge 3	Kleinster Zusammenhang.

---

25 Jetzt, wo ich ihn sehe, erkenne ich ihn. *(Übersetzung v. Verf.)*

Richter	Es gab keinen Anlass. Nur Kleinigkeiten. Können Sie das genauer beschreiben?
Zeuge 3	Wenn wir was genommen hatten, mussten wir kommen. Den Spazierstock mussten wir selbst aussuchen. Weise hatte immer einen Stock bei sich. Zuerst hat er mich geschlagen. Es war sehr gefährlich: Rücken, Kopf, Rücken, *stuit*[26]. Ein toller Hund war das!
Richter	Sind Sie sicher, dass das Weise war?
Zeuge 3	Das weiß ich genau. *Toen had ik angst*[27] von ihm. Hab ich nun nicht mehr.
Richter	War es der Blinde?
Zeuge 3	Ja, er hat ein *glazenes*[28] Auge. Aber es gab einen anderen Namen. Ich glaube, die Polen hatten einen anderen Namen für ihn!
Richter	Ślepy?
Zeuge 3	Kann sein, weiß nicht genau.
Richter	Gab es einen anderen Vorfall?
Zeuge 3	Er hat auch geschossen!
Richter	Haben Sie das gesehen oder gehört?
Zeuge 3	Beides!

(Der Richter zieht wieder den Dolmetscher hinzu.)

Dolmetscher   Er hat ihn von hinten gesehen.

(Der Angeklagte reagiert abwartend, tickt wieder mit dem Stift auf die Tischplatte.)

---

26 Steiß *(Übersetzung v. Verf.)*
27 Damals hatte ich Angst …*(Übersetzung v. Verf.)*
28 Gläsernes *(Übersetzung v. Verf.)*

Richter	*(zum Zeugen)* Beschreiben Sie das!
Zeuge 3	Der Mann war anschließend tot. Ich habe das später auch von den Mädels gehört, der sei tot gewesen.
Richter	*Wer* war der SS-Mann? Weise?
Zeuge 3	Es waren 4, 5, 6 SS-Leute da, man konnte die Leute von hinten und von vorne sehen.
Richter	Das ist jetzt wichtig! Sind Sie sicher, dass das Weise war?
Zeuge 3	Zu 90% sicher.
Richter	Haben Sie später drüber gesprochen?
Zeuge 3	Ja, das war der Weise. Haben alle drüber gesprochen.
Richter	Es gab da einen zweiten Schießvorfall.
Zeuge 3	Das hat der nicht nur einmal gemacht, manchmal. *Het was zo, dat hij had geprobeerd te schieten*[29]. Ob es nun gelungen war, weiß ich nicht.
Richter	Was gelungen?
Zeuge 3	Das mit der Büchse!
Richter	Davon wissen wir ja noch gar nichts!
Zeuge 3	Man hat davon erzählt.
Richter	Haben Sie es selbst gesehen?
Zeuge 3	Was ich eben erzählt habe, habe ich selbst gesehen. Anderes habe ich gehört.
Richter	Erzählen Sie von einem Fall, den Sie gesehen haben!
Zeuge 3	Ich habe nicht gesehen, ob jemand eine Büchse auf dem Kopf gehabt hat, aber später haben wir drüber gesprochen.

---

29 Es war so, dass er versucht hat, zu schießen. *(Übersetzung v. Verf.)*

Richter	Wer hat davon erzählt?
Zeuge 3	Ein Mädchen. Ich erinnere mich an ihren Namen nicht.
Richter	*(fasst die Aussage zusammen)*

(Der Angeklagte hat die Hände gefaltet, macht einen »ernsten« Eindruck.)

Zeuge 3	*(bestätigt die Zusammenfassung)*
Richter	Am 7.6.1984 war eine Vernehmung in den Niederlanden.
Zeuge 3	Ja!
Richter	Bei der Frage nach den Schüssen haben Sie geantwortet: »Ab und zu. Habe auch gehört von der Konservendose von SS-Leuten.« An Weise konnten Sie sich nicht erinnern. Auch an keine Besonderheiten. An keine Beteiligung von Weise. Warum damals nicht?
Zeuge 3	Wenn man von einem Tag auf den anderen verhört wird, dann kann man nicht 40 Jahre überdenken. Später, wenn man gedanklich alles zurückverfolgt. … *(wirkt jetzt sehr ruhig und gefasst)*
Richter	Damals sagten Sie aus, an den Namen »Der Blinde« erinnere ich mich noch. In der Lichtbildmappe haben Sie die Bilder wiedererkannt, den Namen aber nicht?
Zeuge 3	Ja!
Richter	Das Gericht war damals nicht dabei, deshalb ist hier eine richtige Aussage sehr wichtig! Sie sagten vorhin aus, zu 90% Weise. Können wir jetzt davon ausgehen?
Zeuge 3	Ja!

Richter	*(legt eine Lageskizze vor)* Wo ereignete sich der Vorfall?
Zeuge 3	Das müsste zwischen den Baracken sein. Wo genau, welche Baracke, weiß ich nicht genau.
Richter	Konkret können Sie es nicht angeben?
Zeuge 3	Ich war mit dem Wagen dort.
Richter	In der Nähe der Frauenbaracke?
Zeuge 3	Nee …

(Der Zeuge wird aufgefordert, zum Richtertisch zu kommen und sich die Skizze anzusehen.)

Richter	Sie sagten, die Mädchen …
Zeuge 3	Die arbeiteten überall.
Richter	Kannten Sie die Nationalität des Erschossenen?
Zeuge 3	Da waren verschiedene Nationalitäten. *Een Pool, een Fransman.*[30]
Richter	Können Sie das Opfer beschreiben?
Zeuge 3	Nein. Das ist schwer. Jede Nationalität blieb unter sich.
Richter	Geschah es am Tag oder in der Nacht?
Zeuge 3	Am Tag!
Richter	Weitere Fragen?

30-minütige Pause. Danach wird die Verhandlung fortgeführt:

Richter	Nun zu zwei anderen Fragenkomplexen:
	1. Wie waren die hygienisch-zivilisatorischen Verhältnisse?
	2. Wie war das mit den Toiletten bestellt?

---

30 Ein Pole, ein Franzose *(Übersetzung v. Verf.)*

	Im übrigen Lager gab es ja eine große Malaise. Wie war es im Kanada?
Zeuge 3	Es war besser.
Richter	Gab es eine Heizung? Konnten die Baracken beheizt werden? Wie wurden sie belüftet?
Zeuge 3	Ja, es gab oben kleine Fenster *aan de zij.*[31]
Richter	Waren die Öfen oder die Toiletten aufgemauert während Ihrer Zeit im Kanada?
Zeuge 3	Ich hab keine Erinnerung, dass man mal gesagt hat: Endlich kriegen wir mal Öfen.
Richter	Gab es sonstige Verbesserungen?
Zeuge 3	Ja, die Sauna wurde neu gebaut.
Richter	Hatten Sie in der letzten Zeit Kontakt mit Mithäftlingen?
Zeuge 3	Sehr wenig. Viele sind tot. Mit Herrn van R.[32]
Richter	Haben Sie ihn in letzter Zeit gesehen? Wann zuletzt?
Zeuge 3	Halbes Jahr oder Jahr.
Richter	Während der letzten Monate haben Sie ihn nicht gesehen oder gesprochen?
Zeuge 3	Nein, nicht gesehen oder gesprochen.
Richter	Haben Sie sonst mit jemandem über dies Verfahren gesprochen?
Zeuge 3	Nein.
Richter	Haben Sie im alten und im neuen Kanada selbst gelebt und gearbeitet? Gab es kein anderes Kanada?
Zeuge 3	Nein.

---

31 An der Seite *(Übersetzung v. Verf.)*
32 D. i. Zeuge 1

Staatsanwalt	Bekamen Sie zur Vernehmung 1984 eine schriftliche Ladung?
Zeuge 3	Nein, sie sind zu mir gekommen und haben mich gefragt.
Staatsanwalt	Haben sie Ihnen gesagt, warum das Verhör stattfand?
Zeuge 3	Nein.
Staatsanwalt	Erfuhren Sie zum ersten Mal von dem Verfahren?
Zeuge 3	Ja.
Staatsanwalt	Wissen Sie, ob Herr van R. ebenfalls von demselben Beamten vernommen wurde?
Zeuge 3	Nein.
Staatsanwalt	Wie war das mit den Vorarbeiten am Aufstand?
Zeuge 3	Die Gewehre mussten aus den Baracken geholt werden. Ich war nicht direkt am Aufstand beteiligt. Das waren vertrauensvolle Leute, die bei Signal von außen kommen sollten.
Staatsanwalt	Geschah das im Zusammenhang mit dem Aufstand gegen Hitler?
Zeuge 3	Ja.
Staatsanwalt	Waren Sie auch beim Verladen von Effekten dabei?
Zeuge 3	Ja.
Staatsanwalt	Worin wurden die verladen?
Zeuge 3	In Eisenbahnwaggons.
Staatsanwalt	Haben Sie beim Geschirrverladen einen Fluchtversuch in der Kleidung selbst erlebt?
Zeuge 3	Ja, im vorigen Kommando.
Staatsanwalt	Haben Sie einen Fluchtversuch miterlebt?

Zeuge 3	Ja, einer fehlte. Da war Wäsche im Waggon, stand drauf »s'Hertogenbosch«, und einer fehlte beim Appell. Alles wurde abgesperrt. Der Hauptscharführer ließ den Wagen ausladen und der Häftling wurde direkt erschossen. Das weiß ich vom Hörensagen.

(Der Angeklagte hält die Hand hinters linke Ohr.)

Staatsanwalt	Einmal war ein Häftling in der Baracke eingeschlossen und er wurde gesucht, weil er nicht rechtzeitig zum Appell erschien ...
Zeuge 3	Es ist so viel passiert. Ich habe nicht alles im Kopf.
Staatsanwalt	Wie war das mit dem »SS-Mann, von hinten gesehen«?
Zeuge 3	Ich bin zur Arbeit mit dem Rollwagen durchgefahren.
Staatsanwalt	Womit hat er geschossen?
Zeuge 3	Mit dem Revolver.
Staatsanwalt	Ein männlicher oder ein weiblicher Häftling?
Zeuge 3	Ein männlicher.
Staatsanwalt	Sagt Ihnen »Lederfabrik«[33] etwas?
Zeuge 3	Ja, da gab es viele alte Schuhe.
Staatsanwalt	Gehörten Sie nicht zur Lederfabrik?
Zeuge 3	Nein.

---

33 Die ehemalige Lederfabrik war eine Zwangsarbeitsstätte, in der unter anderem die konfiszierten Koffer begutachtet, die Schuhe der Opfer nach verstecktem Gold durchsucht und die Haare der ermordeten Frauen sortiert und gelagert wurden. Vgl. Gewehr, Birgit, Vita Hermann Goldstein (Stolpersteine Hamburg)

Staatsanwalt	Waren Mithäftlinge desselben Kommandos im neuen Kanada?
Zeuge 3	*(zählt mehrere Namen auf, u.a. Vorarbeiter Isaak. Van R. war nicht im selben Lager.)*
Staatsanwalt	Herbert T.?
Zeuge 3	*(zuckt mit der Schulter)*
Staatsanwalt	F., Jacob?
Zeuge 3	Nein!
Staatsanwalt	Können Sie von den Mädels einige Namen nennen?
Zeuge 3	Verschiedene: Nina B., Rita … Wir kannten nur die holländischen … *(denkt intensiv nach, stützt den Kopf dabei in die Hand, schließt die Augen)*
Verteidiger	Kannten Sie einen Kapo Hans Ö.?
Zeuge 3	Sehr gut!
Verteidiger	Kamen Sie direkt ins »neue« Kanada?
Zeuge 3	Ja, von Birkenau aus.

(Diese Aussage verwirrt. Der Dolmetscher wird nachdrücklich vom Nebenkläger aufgefordert, sich einzuschalten. Der Verteidiger lässt sich nun auf der Skizze II vom Zeugen genau zeigen, wo der Einsatz war.)

Zeuge 3	In Birkenau?
Verteidiger	Ja, in Birkenau!

(Der Zeuge beschäftigt sich etwas umständlich mit der Skizze und zeigt schließlich auf einen Punkt.)

Verteidiger	*(ungeduldig, ein wenig herablassend)* Können Sie das bitte genau in Ziffern ausdrücken?

Richter	*(schaltet sich ein)* Herr Verteidiger, können Sie die Lager vielleicht mit Namen bezeichnen?

(Der Angeklagte in seiner Bank amüsiert sich und grinst.)

Zeuge 3	*(fängt sich am schnellsten wieder und erklärt)* Neben dem »Zigeunerlager«!
Verteidiger	*Exakt* wie lange?
Zeuge 3	Vielleicht mehr als ein Jahr. So genau kann ich das nicht sagen!
Verteidiger	Hatten Sie nach dem 7.7.1984 keinen Kontakt mehr zu van R.? Herr van R. sagte, seine Erinnerung sei aufgefrischt worden im Gespräch mit Freunden. Unter anderem fiel auch Ihr Name.
Zeuge 3	Das stimmt nicht!
Richter	Wie war die Bewaffnung der SS?
Zeuge 3	Revolver!
Richter	Möglicherweise auch Pistolen? Kennen Sie den Unterschied zwischen Revolver und Pistole? … Kamen auch Gewehre zum Einsatz?
Zeuge 3	Nur einmal, beim Aufstand.
Richter	Gab es auch Maschinenpistolen?
Zeuge 3	Nur bei der Postenkette!
Richter	Womit hat der Angeklagte geschlagen?
Zeuge 3	Mit einem Stock!
Richter	Mit einem Spazierstock oder was?
Zeuge 3	Mit einem Spazierstock. Sicher waren keine anderen Stöcke da.
Richter	Auch Peitschen?
Zeuge 3	Ich glaube, in diesem Lager nicht. Wohl im vorigen.

Richter	Wie war im »neuen« Kanada die Verpflegung?
Zeuge 3	Die ist gebracht worden.
Richter	Wie bekamen Sie das Essen gebracht?
Zeuge 3	Das wurde in Kesseln gebracht.
Richter	Wissen Sie, wer das Kommando im »Kanada« hatte?
Zeuge 3	Ich kann ihn nur beschreiben: Groß, schlank …
Richter	War das derselbe wie im »alten« Kanada?
Zeuge 3	Nein. Der im »neuen« war Hauptscharführer.
Richter	Verknüpfen Sie da etwas miteinander?
Zeuge 3	Ob ich Ereignisse verknüpfe? Es wurde geschlagen, nicht geschossen. Geschlagen haben sie alle, ohne Ausnahme.
Richter	Gab es viele Tote im Lager?
Zeuge 3	Am Anfang!
Richter	Und später? Sie haben berichtet, der Angeklagte habe geschossen. Gab es sonst Tote?
Zeuge 3	Nicht so viele wie im alten Lager. Da waren bessere Verhältnisse.
Richter	Man konnte sich schon mal was zu essen besorgen?
Zeuge 3	Ja, also, da kamen die Koffer …
Richter	Also: Ja!
Zeuge 3	Ja!
Richter	Keine weiteren Fragen!

(Der Zeuge sucht unvermittelt Blickkontakt zum Angeklagten. Der sieht spontan weg.)

Als Geschädigter wird der Zeuge nicht vereidigt.

Zeuge 4

Polnischer Staatsangehöriger aus Warszawa, geboren 1917, von Beruf Elektroniker. Vom 16.02.1942 bis zum 25.10.1944 war er als politischer Häftling in Auschwitz. Zunächst war er im Stammlager Auschwitz, danach in Birkenau.

Richter	Sagt Ihnen »Effektenlager« etwas?
Zeuge 4	Ja, dorthin bin ich gefahren.
Richter	Gab es dafür auch einen anderen Ausdruck?
Zeuge 4	Nein.
Richter	Sagt Ihnen »Kanada« etwas?
Zeuge 4	Ja, das war die allgemeine Bezeichnung für das Gebäude hinten bei der Sauna!
Richter	Gab es in Auschwitz auch ein Kanada?
Zeuge 4	Ja, bei uns in Auschwitz auch. Ich war dort insgesamt drei Mal, jedes Mal in Begleitung von SS-Leuten.

(Der Zeuge soll die Skizzen ansehen.)

Zeuge 4	War das »Zigeunerlager« in IIc?
Richter	Ja.

(Baracke 11 in Birkenau wird als »Kanada« identifiziert.)

Richter	Wissen Sie, wo die Unterkunft der SS-Leute war?
Zeuge 4	Nein, das weiß ich nicht.
	Meine Häftlingsnummer war 83782. Ich hatte einen Passierschein und konnte mich innerhalb des Stammlagers frei bewegen. Ich war ein politischer Häftling.

Richter	Trugen Sie den roten Winkel[34]?
Zeuge 4	Ja.
Richter	Mit einem »P«[35]?
Zeuge 4	Ja.
Richter	Kannten Sie SS-Leute namentlich?
Zeuge 4	Ja, sehr viele. In der Verwaltung. *(nennt mehrere Namen)*
Richter	Auch im Bereich Kanada?
Zeuge 4	Siebeneicher … im Effektenlager
Richter	Woher kannten Sie die militärischen Ränge?
Zeuge 4	Ich hatte viel mit ihnen zu tun.
Richter	Mussten Sie sie mit dem Rang anreden?
Zeuge 4	Jaja, selbstverständlich!
Richter	Sagt Ihnen der Name »Hahn« etwas?
Zeuge 4	Nicht viel.
Richter	*(hilft)* SS-Hauptscharführer Hahn?
Zeuge 4	Nein.
Richter	Wunsch, Graf auch nicht?
Zeuge 4	*(bleibt stumm)*
Richter	SS-Unterscharführer Weise?
Zeuge 4	Den Dienstgrad kannte ich nicht. Ich habe von ihm von Mithäftlingen erfahren.
Richter	Sind Sie ihm begegnet?

---

34 Häftlinge, die nicht umgehend nach der Ankunft an der Rampe ermordet wurden, bekamen neben der Tätowierung auf dem Unterarm als Kennzeichnung ihrer tatsächlichen oder vermeintlichen Gruppenzugehörigkeit ein farbiges Stoffdreieck zugeteilt. Diese *Winkel* wurden auf Jacken und Hemden der Opfer genäht, um dem Wachpersonal eine schnelle Identifizierung des Haftgrunds kenntlich zu machen. Vgl. Kogon, S. 67 ff.
35 Kennzeichnung für einen politischen Häftling polnischer Herkunft.

Zeuge 4	Ich habe ihn in Birkenau etwa drei oder vier Mal gesehen.
Richter	Wann – und in welchem Zusammenhang?
Zeuge 4	Als ich da Effekten bzw. Koffer abgab, habe ich gesehen, wie er sich da rumdrückte und den Häftlingen Anweisungen gab.
Richter	Woher wussten Sie, dass es der Angeklagte war?
Zeuge 4	Als ein zweites Mal ein Schuss fiel, fragte ein SS-Mann den anderen: Wer ist das? Und er bekam zur Antwort: Weise.
	Bis Juni 1944 waren in den SS-Unterkünften nur arische Polen angestellt. Nach der Invasion wurden die Polen ins Reich geschickt und an ihrer Stelle wurden Juden eingesetzt. In einigen Kommandos durften aber keine Juden sein, z.B. in der Küche und bei der Feuerwehr. Das machten dann Polen. Vor der Invasion am 6. Juni 1944 arbeitete ich nur mit Ariern, danach mit Juden zusammen.
Richter	Erzählen Sie mir mehr über den Vorfall mit dem Angeklagten!
Zeuge 4	Ich erinnere mich an einen Juden, die Häftlingsnummer fing mit 6 … an …
Richter	Wer war der Bewacher?
Zeuge 4	Unterscharführer Adolf Schindler. Man hat einen Schuss gehört. Wir traten vor die Baracke, um zu sehen, was passiert war. Ein SS-Mann hielt die Pistole bereits nach unten, vor ihm lag ein toter Häftling. Schindler kam raus und fragte, was passiert ist. Der SS-Mann drehte sich um, sah nach uns und bat, man solle einen Wagen zur Verfügung stellen, damit der Leichnam transportiert

werden könne. Wir fuhren 50 bis 60 m weit, luden die Leiche ab und fuhren wieder zurück. Ich hörte eine Unterhaltung zwischen Schindler und Siebeneicher. »Wer war das? – Weise. Gib acht vor ihm!«

Richter   Warum sollte man sich denn vor ihm in Acht nehmen? Das waren doch auch SS-Leute?

Zeuge 4   Zwischen den SS-Leuten gab es auch Intrigen!

Richter   Warum ist darüber gesprochen worden?

Zeuge 4   Siebeneicher setzte sich nur aufs Fahrrad und fuhr zum Abschnitt D. Wir fuhren mit Schindler zurück zu unserem Abschnitt.

Richter   Hat Siebeneicher die Warnung an Schindler konkretisiert?

Zeuge 4   Vielleicht hat er etwas hinzugefügt. ... Ist aber über 40 Jahre her.

Richter   Ist eine zeitliche Einordnung des Vorfalls möglich?

Zeuge 4   Ungefähr um den Aufstand im Krematorium herum. Es war nicht unbedingt gleichzeitig, eher danach.

Richter   Gab es mehrere Aufstände?

Zeuge 4   Nur einen, im Krematorium.

Richter   Warum dann »ungefähr«?

Zeuge 4   Etwa im September, Oktober 1944.

Richter   Aber der zeitliche Zusammenhang stimmt?

Zeuge 4   Ja.

Richter   In diesem Zusammenhang beziehe ich mich auf Ihre frühere Aussage, Sie seien in Baracke 11 gewesen. Erinnern Sie sich, ob die Häftlinge arbeiteten oder Pause hatten?

Zeuge 4	Daran habe ich keine Erinnerung.
Richter	Wurde der Häftling im Freien oder in der Baracke erschossen?
Zeuge 4	Er lag davor, nicht in der Baracke.
Richter	Wurde er möglicherweise aus der Baracke raus-gezogen?
Zeuge 4	*(überlegt)* Dann wären da Spuren gewesen.
Richter	Also sah es so aus, als ob es im Freien geschehen wäre?
Zeuge 4	Ja.
Richter	Gab es andere Vorfälle?
Zeuge 4	Welche?
Richter	Ähnliches. Möglicherweise welche, an denen der Angeklagte beteiligt war?
Zeuge 4	*(zögert, sagt dann)* Nur als ich vor der Invasion an der Rampe war, um Koffer abzuholen: Da war ein Wägelchen – wir waren vier Leute, u.a. ein 960069-Kollege – wir waren Zeugen, wie ein SS-Mann auf jüdische Häftlinge schoss. Das war an der Rampe vor Kanada … Der SS-Mann schrie was, weiß ich nicht, was der Häftling zurückrief … Schuss, der SS-Mann stand mit dem Rücken zu uns, der Häftling fiel um…

(Der Angeklagte wippt angespannt mit den Oberkörper, vor und zurück.)

… Der SS-Mann rief zwei von uns und befahl uns, den Leichnam zu beseitigen. Neben uns stand ein weiterer Häftling aus dem Kanada. Als der SS-Mann sich umdrehte, fragte ich, wer ist das gewesen, und er antwortete: der Weise!

Richter	Ist Ihnen bekannt, ob sich ein Häftling im Waggon versteckte?
Zeuge 4	Möglich. Irgendwas muss er sich zu Schulden kommen lassen haben.
Richter	Wurde in diesem Zusammenhang einer oder mehrere Häftlinge erschossen?
Zeuge 4	Ich habe nur gehört, dass ein jüdischer Häftling sagte: Schon wieder einer! Ein anderes Mal habe ich gehört, der Angeklagte hätte Leute bis zur Bewusstlosigkeit … auch Dosen. Das habe ich aber nicht selbst gesehen.
Richter	Wurde der Erschossene zuvor misshandelt?
Zeuge 4	Ich habe Schläge gehört. So, als ob jemand auf eine Uniform klopfte. Der ist dann hingefallen …
Richter	Hat er denn vorher gestanden?
Zeuge 4	Ja.
Richter	Ist der Zeuge sicher, dass die Häftlinge tot waren?
Zeuge 4	Der neben der Baracke – mit Sicherheit. Der Kollege an der Rampe hat auf Jiddisch auf ihn eingeredet, aber er zeigte keine Reaktion. Das waren nun ja keine Asphaltstraßen – der Körper wurde ja richtig durchgeschüttelt. Kein Lebenszeichen.
Richter	Sie sprachen damals gut Deutsch!
Zeuge 4	Selbstverständlich! Damals wurden so gut wie alle Gespräche etc. auf Deutsch geführt.
Richter	Also gab es keine Verständnisschwierigkeiten?
Zeuge 4	Nein!
Richter	Zurück zur Rampe: Hat der Häftling aus dem Kanada den Angeklagten erwähnt oder evtl. einen anderen Namen?

Zeuge 4	Er hat den richtigen Namen genannt. Das ist mir gut in Erinnerung geblieben, auch, weil später oft von ihm erzählt wurde.
Richter	Wissen Sie von einem Spitznamen?
Zeuge 4	Ja, ich habe gehört: »Ślepy« oder »Zyklop«.
Richter	Wurde gesagt, warum?
Zeuge 4	Es gab mehrere solcher Zyklopen.
Richter	Wurde noch ein anderer SS-Mann so genannt?
Zeuge 4	In Birkenau gab es nur einen, von dem man gehört hat.
Richter	Im Zusammenhang mit Büchsen?
Zeuge 4	Nur vom Hörensagen.
Richter	War das ein einmaliger Vorgang?
Zeuge 4	Kann ich nicht mehr genau sagen.
Richter	Wurde ein Vorfall generell zugeschrieben oder einer bestimmten Person?
Zeuge 4	Einer. Irgend so ein Verrückter. Der Unterscharführer Weise. Der würde schießen.
Richter	Bei Ihrer Vernehmung in Warschau im April 1986 wurde Ihnen dieselbe Frage gestellt und Sie hatten da nichts davon gehört.
Zeuge 4	Wissen Sie, Sie fragen mich hier so intensiv aus. In Warschau habe ich von mir aus erzählt. Jetzt, bei intensiver Befragung, fällt mir alles wieder ein. Inzwischen habe ich mit einem anderen Häftling, Bolek K., gesprochen, der war sein Schreiber. Wir haben uns darüber unterhalten und dabei wurden diese Vorfälle ins Gedächtnis zurückgerufen. Dabei kam auch das Gespräch auf die Dosen.
Richter	Vor ein paar Monaten. … War Bolek K. auch in Warschau?

Zeuge 4	Nein, das weiß ich nicht. Das Treffen war nur im Club der ehemaligen Auschwitz-Häftlinge.
Richter	Ja, aber die Vermutung liegt nahe, wenn K. Schreiber war, dass *vor* dem Prozess über Weise gesprochen wurde.
Zeuge 4	Ich erinnere Sie daran, dass wir über 70 Jahre alt sind. Ich hatte bereits einen Herzinfarkt, jetzt warte ich auf den nächsten.
Richter	Es geht um eine mögliche Ladung des Herrn K.
Zeuge 4	So viel mehr wird der nicht wissen!
Richter	Ist es möglich, über den Club der Auschwitz-Häftlinge an die Anschrift des Herrn K. zu kommen?
Zeuge 4	Die kann ich selbst besorgen!
Richter	Wurden Ihnen in Warschau Fotos vorgelegt?
Zeuge 4	Ja, den Schindler habe ich erkannt. Den Angeklagten auch.
Richter	Obwohl Sie ihn damals nur flüchtig gesehen haben?
Zeuge 4	Ich verfüge über ein sehr gutes visuelles Gedächtnis. Kann mich selbstverständlich auch irren. Damals, in Frankfurt, bat mich der Vorsitzende, bei der Identifizierung von SS-Leuten zu helfen. Auch heute noch! *(sieht den Angeklagten an)* Er war blond, er war jünger. Inzwischen sind über 40 Jahre vorbei, das sind zwei Generationen!
Richter	Trug der Angeklagte damals eine Augenbinde?
Zeuge 4	Möglich, aber nicht sicher.

(Eine Fotomappe mit Bildern von Birkenau und Auschwitz wird vorgelegt. Danach noch einmal die Übersichtsskizze.)

(Der Angeklagte amüsiert sich sichtlich.)

Richter	Zurück zum Rampenvorfall. Geschah der beim Entladen oder beim Beladen?
Zeuge 4	Das war im Nachtdienst. Wenn ich genau erzählen soll, muss ich jetzt drei Tage weiter erzählen. Wenn Sie wünschen, tue ich das. Für seinen Vorgesetzten Schindler hat er immer etwas Besonderes zurückgelegt – das musste dann abgeholt werden. Im Mai z.b. war es eine vollgestopfte Aktentasche, die ich beiseitelegen sollte. Er öffnete sie in meiner Gegenwart. Inhalt: ca. 200.000 RM. In einem anderen Behälter waren Dollar. Die eine Seite grün, die andere gelb. Eine 1.000 $-Note entsprach dem vollen Wert in Gold.
Richter	Hatten Sie den Eindruck, dass er das für sich beiseitelegte?
Zeuge 4	Nicht für sich, sondern auch für Schindler. Die beiden machten gemeinsame Sache.
Richter	War die Begegnung mit dem Angeklagten gegen Ende Ihrer Zeit in Auschwitz-Birkenau – oder früher?
Zeuge 4	Nur gegen Ende.
Richter	War die erste Begegnung an der Rampe?
Zeuge 4	Ja.
Richter	Gab es einen Zusammenhang mit der Invasion der Alliierten?
Zeuge 4	Ja. Wir hatten ja weder Zeitungen etc. Bestimmte Vorkommnisse erinnerte man immer in Verbindung mit Ereignissen.
Richter	Weitere Fragen? Sollen wir eine Pause machen?
Zeuge 4	Nicht nötig. Vorläufig nicht.

68

Staatsanwalt	Zur Erschießung: Wo genau war die Tür der Baracke?

(Dem Zeugen wird eine weitere Skizze vorgelegt.)

Staatsanwalt	Von wem bekamen Sie den Auftrag, den Leichnam zu beseitigen?
Zeuge 4	Der Angeklagte bat Schindler, ihm zwei Häftlinge zur Beseitigung zu überlassen.
Staatsanwalt	Welcher SS-Mann gab die Anweisung, wohin die drei …
Zeuge 4	Weiß nicht genau. Wahrscheinlich Schindler.
Staatsanwalt	Warum wurde er gerade an *der* Stelle abgelegt? War der Angeklagte dabei beim Abtransport?
Zeuge 4	Er ging hinterher.
Staatsanwalt	Es hätte nahegelegen, ihn wegen der Nähe zum Krematorium direkt dorthin zu bringen.
Zeuge 4	Wissen Sie, Herr Staatsanwalt, die haben ihn noch gebraucht, er musste ja noch gezählt werden beim Abendappell. Vielleicht hat der Blockälteste noch eine Portion Essen für ihn kassiert.
Staatsanwalt	Wo genau führten die beiden SS-Leute den Leichnam hin?
Zeuge 4	An die Ecke der Baracke.
Staatsanwalt	War der Angeklagte in der Nähe?
Zeuge 4	Nein. … Wissen Sie, ein Mensch galt dort weniger als eine Fliege. Es war mehr oder weniger »Glück«, auf eine solche Weise umzukommen. … Daher liefen auch Leute in die Drähte. …
Verteidiger	Sie sind jetzt Elektroniker?
Zeuge 4	Ja.

Verteidiger	Sie sind also noch berufstätig?
Zeuge 4	Ich *muss* berufstätig sein!
Verteidiger	Sind Sie nicht im Ruhestand?
Zeuge 4	Ich bin Kriegsinvalide!
Verteidiger	*(verweist auf den vermeintlichen Widerspruch zwischen beiden Aussagen)*
Zeuge 4	Wenn Sie in Polen leben würden, würden Sie auch zwei Berufen nachgehen.
Verteidiger	Sie waren in Frankfurt!
Zeuge 4	1964, 1965, 1966, 1967 in Frankfurt. 1982 in Hannover.
Verteidiger	Haben Sie während Ihres Aufenthalts in Auschwitz von der Invasion gehört?
Zeuge 4	Einen Tag nach der Invasion sprachen die SS-Leute selbst davon. In allen Abteilungen, in die ich kam. Zu kleinen Reparaturen etc.
Verteidiger	Sie haben den Angeklagten zum ersten Mal an der Rampe gesehen?
Zeuge 4	Ja.
Verteidiger	Haben Sie seinen Namen zuvor von einem SS-Mann gehört?
Zeuge 4	Sollte ich ihn vorher gehört haben, so muss er mir entfallen sein.
Verteidiger	Ich verstehe das dahin, dass Sie sich nicht erinnern …
Zeuge 4	Kann sein, zuvor war es nicht interessant für mich.
Verteidiger	Ich halte vor: Bei der Vernehmung in Warschau sagten Sie aus: »…Schon früher ein oder zweimal von dort arbeitenden Häftlingen den Namen Weise gehört …«. – Erinnert sich der Zeuge?

Zeuge 4	Ja!
Verteidiger	Und heute haben Sie das nicht mehr so in Erinnerung?
Zeuge 4	Wissen Sie, es sind wieder 13 Monate vergangen. Menschen, die rapide altern … Hätten Sie mich vorher … so hätte ich das möglicherweise bestätigt …

Pause. Danach wird die Verhandlung fortgeführt.

Verteidiger	Zurück zum Vorgang an der Rampe. Aus welcher Richtung haben Sie das gesehen?
Zeuge 4	Es war davor. Die Sicht war ein wenig verstellt.
Verteidiger	Was war verstellt, was sichtbar?
Zeuge 4	Ihre Frage ist natürlich gut, aber was soll ich Ihnen im Detail heute noch dazu sagen? Ich habe den SS-Mann gesehen! Damals habe ich nicht gewusst, dass ich heute … Und einen Fotoapparat hat es damals nicht gegeben.
Verteidiger	Wie war die Position der SS-Leute?
Zeuge 4	Das kann ich nicht genau sagen. Aber der Angeklagte kann das vielleicht sagen.
Verteidiger	Bei einer früheren Aussage sagten Sie, der Häftling sei in Häftlingskleidung gewesen.
Zeuge 4	Die genauen Zusammenhänge habe ich jetzt nicht mehr präsent. Die Verhältnisse bei der letzten Aussage waren anders als heute.
Richter	Können Sie mir in etwa sagen, aus welchem Winkel etwa …
Zeuge 4	Es war nicht exakt im 90°-Winkel. Muss kleiner gewesen sein.
Verteidiger	Damals sprachen Sie ein besseres Deutsch?!

Zeuge 4	In der täglichen Konversation wurde fast ausschließlich Deutsch gesprochen!
Verteidiger	Waren Dialekte damals zu unterscheiden?
Zeuge 4	Ja.
Verteidiger	Sprach Weise Dialekt?
Zeuge 4	Lemberger Dialekt sprach er nicht, auch nicht Hamburger Dialekt …
Verteidiger	Als der Schuss fiel – wo waren Sie da genau? Wo waren die SS-Leute?
Zeuge 4	Ich habe das bereits dem Richter und dem Staatsanwalt erzählt. Wie viel Mal soll ich nochmal? Ich kann natürlich alles nochmal von Anfang an. Also … innerhalb der Baracke, an der Ecke.
Verteidiger	Als der Schuss fiel, gingen Sie also raus und sahen einen SS-Mann, daneben lag der Häftling. … Die Pistole war gesenkt, das hatten Sie 1986 nicht erwähnt.
Zeuge 4	Dafür aber heute! Wissen Sie, die Umstände sind hier völlig anders. Hier bin ich in Anwesenheit meines Gegners, der mich eines Tages als Nichtmensch behandelt hat, in Warschau nicht.
Verteidiger	Erfolgte der Schuss aus einem Gewehr oder aus einer Pistole?
Zeuge 4	Es muss ein Pistolenschuss gewesen sein. Der Weise hatte nur eine Pistole.
Verteidiger	Das kann doch aber auch ein Posten gewesen sein! Also – da war kein SS-Mann sonst?
Zeuge 4	Natürlich waren da andere!
Verteidiger	Sie wussten vom Dosenschießen vom Hörensagen. Haben Sie davon nach dem Krieg gehört?
Zeuge 4	Im Lager.

Verteidiger	Ich halte vor: Bei der Vernehmung in Warschau sagten Sie aus, sie haben noch *nie* davon gehört. Wie erklärt sich der Widerspruch?
Zeuge 4	*(ist nicht in der Lage, das zu beantworten)*
Verteidiger	Haben Sie sich vor der Verhandlung mit anderen darüber unterhalten?
Zeuge 4	Nein.
Verteidiger	Haben Sie während Ihres Aufenthalts in der BRD davon erfahren?
Zeuge 4	Hier gibt es doch niemanden, der sich dafür interessierte! *(fügt etwas leiser hinzu)* Ich bin jetzt ganz einfach erschöpft.
Richter	Sollen wir eine Pause machen?
Zeuge 4	Was soll das? Ich kann nicht mehr!

Ende der Verhandlung. Der Zeuge wird als Geschädigter nicht vereidigt.

Zeugin 5

Ungarin, aus Budapest. Geboren 1921. Sie wurde am 18.3.1944
verhaftet und kam, nach dem Aufenthalt in einem Zwischenla-
ger, nach Auschwitz. Die Zeugin war während ihres gesamten
Aufenthalts im »Kanada«.

(Die Zeugin bekommt eine Skizze vorgelegt sowie von der CIA
gemachte Luftaufnahmen.)

Richter	Erinnern Sie sich an Wachleute?
Zeugin 5	Sie haben ihren Namen nie gesagt.
Richter	Erinnern Sie sich an einen hinkenden SS-Mann?
Zeugin 5	Ja. Er humpelte und hielt den Kopf nach unten. Er hat mir nichts getan. Er hofierte ein jüdisches Mädchen – der Name ist mir nicht mehr bekannt.
Richter	Sind Ihnen Namen von SS-Leuten in Erinnerung?
Zeugin 5	Ja, der Name des Angeklagten.
Richter	Wieso die Erinnerung an Weise?
Zeugin 5	Er hatte einen Spottnamen. Hat schlimme Sachen gemacht!
Richter	War das »Ślepy«?
Zeugin 5	Ich weiß nicht, was »Ślepy« bedeutet. Ach ja, das Glasauge!
Richter	Gab es Vorfälle im Zusammenhang mit Ślepy?
Zeugin 5	Oh ja!
Richter	Noch einmal: mit Ślepy?

Zeugin 5	Ja. Das Kind *(erregt)* hat etwas zu essen oder zu trinken verlangt. Es hat sehr gebettelt und geweint. Er hat gesagt: »Nicht jammern! Nimm dich zusammen und tritt etwas zurück!« Dann nahm er drei Konservendosen. Auf jede Schulter stellte er eine, und eine auf den Kopf. Erst hat er sie von einer Schulter abgeschossen, dann von der anderen, dann vom Kopf.
	Das Kind kam zurück und dachte, nun gäbe es etwas zu essen. Da hat er es mit der Pistole erschossen, und als es tot war, gab er ihm noch einen Fußtritt. Das Kind trug einen Siegelring am Finger, und er schmiss den weg. Ich sah den Ring und wollte ihn holen, damit die SS ihn nicht bekäme und trug ihn fortan als Talisman bei mir.
Richter	Existiert der Ring heute noch?
Zeugin 5	Während des Transports im Januar 1945 kam er abhanden.
Richter	Wer hat den Vorfall noch gesehen?
Zeugin 5	Margot A., Luise H. Die ist im letzten Jahr gestorben.
Richter	Wie alt war das Kind etwa?
Zeugin 5	Das Kind war 8 bis 10 Jahre alt.
Richter	Von welcher Nationalität?
Zeugin 5	Das kann ich heute nicht mehr sagen, ich war so aufgeregt.
Richter	Gab es andere Vorfälle?
Zeugin 5	Ja. Ein Mädchen. Das war besonders grausam!
Richter	Woher kam das Mädchen?
Zeugin 5	Weiß ich nicht. Es stand da, Weise hatte noch nicht geschossen.

Richter	Trug es Häftlingskleidung?
Zeugin 5	Nein, »normale« Kleidung. Ich hatte ja auch normale Kleidung an. Er hat mehrere Male geschossen. Im Allgemeinen hat er gut gezielt und getroffen.
Richter	Wurde das Mädchen tödlich verletzt?
Zeugin 5	Ja! In Budapest habe ich das noch nicht gesagt, ich konnte das dort seelisch nicht verkraften!
Zeugin 5	Ihre ganze Familie ging ins Krematorium, bis auf die Mutter. Die ging zu Weise und bat ihn, sie begleiten zu dürfen. Ein anderer SS-Mann fragte sie, warum sie das täte, er wird Sie töten! Und sie antwortete: Ich will bei meiner Familie sein! Die beiden SS-Leute diskutierten die Angelegenheit. Da sah sie ihre Mutter und konnte sie nach Birkenau begleiten, nicht ins Krematorium.

(Der Zeugin werden die Lageskizzen von Auschwitz, Lagerteil I, und Birkenau, Lagerteil II vorgelegt.)

Richter	Erkennen Sie ihn?
Zeugin 5	Ja, dort. Immer lächelt er, und jetzt lächelt er auch.
Richter	Haben Sie ihn bereits früher auf Fotos wiedererkannt?
Zeugin 5	Ja, immer.

Als Geschädigte bleibt die Zeugin unvereidigt.

Zeugin 6

Gebürtige Polin, lebt jetzt in Großbritannien. 1926 in Bielsko, Süd-westpolen geboren. Sie kam im April 1943 im Alter von knapp 16 Jahren gemeinsam mit ihrer Mutter ins Konzentrationslager Auschwitz. Dort blieb sie bis Oktober 1944, danach kam sie in weitere Lager.

Richter	Waren Sie auch beim Sonderkommando tätig?
Zeugin 6	Nein, bei den Effekten. Im Sonderkommando waren nur Männer, die im Krematorium selbst arbeiteten.
Richter	Wenn es nur aus Männern bestand: Sie waren aber auch im Bereich des Krematoriums?
Zeugin 6	Beim Aussortieren von Kleidern und Bündeln, die aus den Zügen geholt wurden.
Richter	Die Habe von Häftlingen wurde von Ihnen sortiert!
Zeugin 6	Ja! Das Camp und das Krematorium waren durch elektrische Zäune abgegrenzt. Ich konnte beobachten, was geschah. Ich sah den sogenannten »Sport«[36] auch innerhalb vom Kanada. Es gab verschiedene Strafmaßnahmen. Man durfte keine Dinge oder Lebensmittel, die man fand, behalten. Kein Obst, kein … Aber wir haben alle etwas davon genommen. Wenn ich etwas Wertvolles fand, vergrub ich es. Das tat ich deswegen, weil wir jeden Tag durchsucht wurden. Manche

---

36 Bei dieser Strafaktion mussten die Häftlinge über eine Zeitspanne bis zu drei Stunden im Laufschritt im Kreise herumlaufen, springen, hüpfen, sich niederfallen lassen und wieder aufstehen, wie Frösche springen usw. Vgl. Werle/Wandres, Ss. 112, 168; vgl. Hart, S. 117 f.

von uns dachten, sie könnten etwas in den Betten verstecken. Wenn das gefunden wurde, wurde das gesamte Kommando bestraft. Nicht nur die Person, die es betraf. Die Bestrafung wurde «Sport" genannt.

Normalerweise kamen ein oder zwei SS-Leute auf Motorrädern ins Lager und jagten die Leute. Manchmal eine oder zwei Stunden, manchmal drei, ganz langsam. Die Leute wurden geschlagen oder erschlagen.

Der Frauen-»Sport« sah so aus: Wir mussten hinknien in den Matsch und die Hände sehr lange hoch halten. Sehr lange!

Richter	Gab es Erschießungen?
Zeugin 6	Es gab so viele den ganzen Tag, eine einzelne zu erinnern, ist sehr schwer. Davon gehört habe ich, ja, manchmal. Vom Aufstand, ja, auch.
Richter	Zum Aufstand: Gingen möglicherweise Häftlinge vom Krematorium ins Kanada?
Zeugin 6	Ja, irgendwo in eine Baracke im Kanada.
Richter	Was ist geschehen?
Zeugin 6	Er wurde erschossen!
Richter	Im Kanada!
Zeugin 6	Ich glaube, ja.
Richter	Wurde sonst im Kanada einer oder mehrere Häftlinge erschossen? Haben Sie von einem Vorfall mit der Dose auf dem Kopf gehört?
Zeugin 6	Ja, gehört. Andere erzählten das.
Richter	Nur einmal – oder von mehreren Fällen?
Zeugin 6	Ich habe des Öfteren davon gehört.

Richter	Haben Sie auch gehört, wer es war? Waren es verschiedene SS-Leute oder war es die Spezialität eines einzigen Mannes?
Zeugin 6	Weiß ich nicht.
Richter	Kannten Sie namentlich SS-Bewacher in Kanada?
Zeugin 6	Namen? Am besten erinnere ich mich an einen, der hat Wunsch geheißen. Sie wissen ja, ich hatte einen Fehler gemacht bei der deutschen Botschaft!
Richter	Ich weiß nicht, ob das ein Fehler ist!
Zeugin 6	Man zeigte mir eine Bildermappe und ich sagte: Ich kenne diesen Mann, er kommt vom Kanada. Ich glaube, er heißt Wunsch. Das Gesicht erkannte ich, an den Namen erinnerte ich mich nicht.
Richter	Wurden Ihnen 100 Fotos gezeigt – oder auch weniger?
Zeugin 6	Viele!
Richter	Damals meinten sie, es sei Wunsch. Ist er nicht. – Keine Frage, was verbinden Sie mit dem Mann, den sie da, auf den Fotos gesehen haben?
Zeugin 6	Nur, dass er da Dienst gehabt hat.
Richter	Können Sie Einzelheiten nennen?
Zeugin 6	Sein Dienstzimmer war in einer halben Baracke. Ich verbinde mit dem Mann auf dem Foto »Dienst«, »Gas«, Sport«.
Richter	Verbinden Sie persönliche Erlebnisse mit ihm?
Zeugin 6	Es waren ja nicht so viele SS-Leute da. Ich erinnere mich, er kam in die Baracke und fragte, ob man etwas gefunden habe. Wunsch hat sich gut benommen. Ich meine den Namen, nicht das Bild.

Richter	Warum erinnern Sie sich an ihn?
Zeugin 6	Es gab einen speziellen Grund: Er war in einen Häftling verliebt, deshalb behandelte er uns besser. Die Gruppe unterstützte die Liaison.
Richter	Nochmal zum Namen, nicht zum Gesicht!
Zeugin 6	Ich kann mich nicht erinnern, dass *mir* etwas geschehen ist.
Richter	Da das Fotogesicht – hier der Angeklagte. Da hat sich nicht viel verändert.
Zeugin 6	Ich verband ihn gedanklich mit «Sport». Habe es aber nicht persönlich gesehen.
Richter	Brachten Sie die Erschießungen mit der Blechbüchse in Verbindung mit dem Angeklagten?
Zeugin 6	Da war ein SS-Mann, der »Ślepy« genannt wurde, und man hat sich erzählt, dass … er hat diese Büchsen geschossen. Ich habe es aber nicht gesehen. Ich wusste es nur, weil er was mit dem Auge hatte. Name und Gesicht konnte ich nicht mit dem *fact* in Verbindung bringen. Ślepy war, glaub ich, Unterscharführer. Ich weiß es nicht, glaube es, aber kann es nicht sicher sagen. Hatte ihn als »Wunsch« in Erinnerung.
Richter	Sie waren lange Zeit im Lager. Haben Sie auch über Ereignisse gesprochen, die sich tagsüber ereignet hatten? Kam das Tagschichtkommando mit der Nachtschicht zusammen?
Zeugin 6	Ja, immer. Mit den Frauen.
Richter	Haben Sie nach dem Krieg von Vorfällen gehört, die sich damals im Kanada ereignet haben sollen?
Zeugin 6	Ich kannte ja keine Überlebenden.

80

	Einige Sachen, die im Krematorium passiert sind, habe ich später, nach dem Krieg, gelesen.
Richter	Haben Sie von dem Vorfall gehört, dass ein männlicher Häftling die Pause verschlafen hat und anschließend erschossen wurde?
Zeugin 6	Nein, davon habe ich nicht gehört.
Richter	Beim Verladen der Effekten soll sich ein Häftling unter den Effekten im Güterwagen versteckt haben ...?
Zeugin 6	So etwas geschah oft ... nicht nur einmal.
Richter	Was passierte?
Zeugin 6	Oh, sie wurden immer erschossen.
Richter	Also mehrere solcher Fälle?
Zeugin 6	Ja!
Richter	Gibt es einen namentlichen Zusammenhang?
Zeugin 6	Es waren so viele Gelegenheiten und unterschiedliche SS-Leute.
Richter	Also – kein bestimmter SS-Mann?
Zeugin 6	Nein!

Pause. Danach wird die Verhandlung fortgeführt.

Richter	Frau H., legen Sie jetzt bitte die Fotos vor, die Sie mitgebracht haben.

(Die Zeugin legt Fotos aus dem Archiv von Auschwitz vor.)

Zeugin 6	*(erinnert sich)* Man konnte das Gas auch riechen!
Staatsanwalt	Erinnern Sie sich an den Namen einer Aufseherin?
Zeugin 6	Nein, nur an die Kapo.
Staatsanwalt	Ein Mann oder eine Frau?

Zeugin 6	Eine Ungarin. Sie sprachen sich mit Spitznamen an.
Staatsanwalt	Wie ging der Wegtransport der Kleider vonstatten?
Zeugin 6	Eine Gruppe von Mädchen brachte die Sachen in die Sauna. Da waren auch männliche Häftlinge dabei.
Staatsanwalt	War Ihre Baracke heizbar?
Zeugin 6	Ich kann mich nicht erinnern. Es war eine neue Baracke, extra für uns gebaut.
Staatsanwalt	Gab es in der Arbeitsbaracke einen Ofen?
Zeugin 6	Das glaube ich nicht. Nein! Ich war dort im Sommer.
Staatsanwalt	Nochmals zur Kommunikation: Haben Sie sich alles erzählt, was im Effektenlager geschah?
Zeugin 6	Nur Besonderes.
Staatsanwalt	Wurden Häftlinge erschossen?
Zeugin 6	Das geschah ja jeden Tag. Man hat sich daran gewöhnt.
Verteidiger	Ich halte vor: 1973 und 1974 haben Sie ausgesagt: In meinem Bereich gab es meines Wissens keine Folterungen. Ich kann das nicht ganz in Einklang bringen mit den Schilderungen, wie im Kanada gestraft worden sein soll.
Zeugin 6	Auf der Seite der Männer habe ich das gesehen! Ich habe selbst »Sport« gemacht, das war aber, glaube ich, im Lagerteil BI gewesen.
Richter	Ich beziehe mich auf die Fotos. Da gibt es auch eines mit Mädchen. Darf ich Ihnen *dies* Foto zeigen?
Zeugin 6	Ja, das ist es.

Richter	Kann der *Angeklagte* uns dazu sagen, um wen es sich da handelt?

(Der Angeklagte schweigt.)

Zeugin 6	Der Turm des Krematoriums stürzte ein.[37] Alle liefen aus der Baracke raus und legten sich auf die Erde.
Richter	Wie reagierte die SS?
Zeugin 6	Sie nahmen sofort ihre Motorräder.
Richter	Was passierte dann?
Zeugin 6	Es gab eine Lagersperre. Ich glaube, wir wurden in den Baracken eingesperrt.
Richter	Erinnern Sie sich, ob es dann einen Zählappell gab?
Zeugin 6	Ja. Ich weiß aber nicht, ob sofort.
Richter	Wer hielt den Appell ab?
Zeugin 6	Weiß ich nicht bestimmt.
Richter	Wer von den SS-Leuten war für Kanada verantwortlich?
Zeugin 6	Der, den ich mit »Wunsch« bezeichnet habe.
Richter	Also der Angeklagte?
Zeugin 6	Ja, er trug die Uniform eines Unterscharführers.
Richter	Kannten Sie Hahn?
Zeugin 6	Ich glaube, der war Offizier.
Richter	Hauptscharführer?
Zeugin 6	Jaja. Den Namen erinnere ich, nicht aber das Gesicht.

---

37 Aufstand des Sonderkommandos am 7.10.1944

Richter	Nahm Hahn den Zählappell ab?
Zeugin 6	Bestimmt war er das!
Richter	War der Zählappell nur zum Ablenken – oder war man aufgeregt?
Zeugin 6	Aufgeregt! Es gab eine Schießerei etc. Ich habe auch gehört, dass manche von der SS erschossen wurden. Wann und wer kann ich mich nicht erinnern.
Richter	Gab es nach dem Aufstand Tote?
Zeugin 6	Ja, keine Frauen. Männer.
Richter	Haben Sie den Abtransport der Toten nicht gesehen?
Zeugin 6	Wir waren abgesperrt und konnten nichts sehen.
Richter	Zurück zu Hahn, zur Verbindung zwischen Hahn und Ślepy: Haben Sie die beiden öfter zusammen gesehen?
Zeugin 6	Ja, ich habe sie öfter zusammen gesehen.
Verteidiger	Haben Sie einen Fliegerangriff erlebt?
Zeugin 6	Da war einer. Ja.
Verteidiger	Können Sie den zeitlich einordnen?
Zeugin 6	Nein!

Verhandlungsschluss gegen 15 Uhr. Die Zeugin bleibt unvereidigt.

Zeugin 7

Deutsche, geb. 1925. Am 15.9.1943 wurde sie von der Gestapo verhaftet und im Dezember nach Auschwitz gebracht. Dort wurde ihr die deutsche Staatsangehörigkeit aberkannt. Sie blieb bis Januar 1945 in Auschwitz. Nach Auschwitz ging sie auf den sogenannten Todesmarsch nach Ravensbrück.

Richter   Das Lager Auschwitz war ja ein räumlich größerer Komplex. Wo waren Sie beschäftigt?

Zeugin 7   Zunächst im Straßenbau, von Birkenau aus zum Steine schleppen. Dann wurde ich krank. Etwa im März 1944 kam ich ins Kanada.

(Die Zeugin wird nach vorn zum Richtertisch gebeten, um sich Skizzen anzusehen.)

Richter   War die Frauenbaracke abgetrennt von anderen Baracken?

Zeugin 7   Wir konnten nach dem Krematorium hin sehen. *(erinnert sich an die Effektenkammer, konnte von da aus jedoch nichts sehen)*

Richter   Was geschah nach dem Frühstück?

Zeugin 7   Erst Appell, dann Einteilung.

Richter   Jeden Tag eine neue Einteilung?

Zeugin 7   Nach einiger Zeit war sie fest.

Richter   War Kanada abgeteilt?

Zeugin 7   Ja! Es war unmöglich, in einen anderen Lagerabschnitt zu kommen.

Richter   Waren die Zählappelle morgens und abends?

Zeugin 7   Ja!

Richter   Stimmte auch mal die Zahl nicht?

Zeugin 7	Wir mussten so lange stehen, bis das klar war. So oft kam das nicht vor. Einmal, nach dem Sommer, da war was. Manchmal musste man auch willkürlich stehen.
	Bei Krankheit ging es ins Hauptlager. Die sind dann nicht wiedergekommen.
Richter	Wurden die Kranken möglicherweise erst abends verlegt?
Zeugin 7	Man gab sich Mühe, nicht krank zu werden. Man hatte Angst vor Liquidation. … Nur wenn jemand zusammenfiel …
Richter	… dann war das nicht mehr zu vertuschen.
Zeugin 7	Ja! Die Sterblichkeit im Kanada selbst war nicht sehr hoch. Es kam auch darauf an, wie viele ausgetauscht wurden.
Richter	Haben Sie Ausschreitungen von SS-Angehörigen mitgekriegt?
Zeugin 7	Es wurde geschlagen. Es wurde immer nur geradeaus gegangen und dem SS-Mann nicht ins Gesicht gesehen, sonst …
Richter	… wurde geschlagen?
Zeugin 7	Mit der Gerte, mit der Hand.
Richter	Auch mit der Peitsche?
Zeugin 7	Möchte ich nicht behaupten.
Richter	Die Gerte war ja praktisch wie eine Peitsche! Aus welchem Anlass gab es Schläge?
Zeugin 7	Die Gerte wurde im Lagerjargon auch »Dolmetscher« genannt.
Richter	Wurde auch geschossen? Haben Sie das mitgekriegt?
Zeugin 7	Nein!

Richter	Ist davon erzählt worden?
Zeugin 7	Ja!
Richter	Gab es konkrete Vorfälle?
Zeugin 7	*(schweigt)*
Richter	War die Unterhaltung darüber mit Gefährdung verbunden?
Zeugin 7	Man unterhielt sich so wenig wie möglich. Unter Umständen wurde es unter Häftlingen weitergegeben.
Richter	Waren Schießereien im Kanada an der Tagesordnung oder waren sie eine Ausnahme?
Zeugin 7	Im Kanada ging es etwas ruhiger zu.
Richter	Galt Kanada als Vergünstigung?
Zeugin 7	Das kann man wohl sagen!
Richter	Konnte man von den Nahrungsmitteln etwas nehmen?
Zeugin 7	Man konnte, aber wenn man erwischt wurde …
Richter	Manchmal gab es eine Schießerei. Haben Sie im Lager erschossene Häftlinge gesehen?
Zeugin 7	Nein.
Richter	Haben Sie heute noch Kontakt mit früheren Häftlingen?
Zeugin 7	Ja, mit zwei Ungarinnen.
Richter	Wann hatten Sie zuletzt Kontakt?
Zeugin 7	An Weihnachten.
Richter	Gab es Korrespondenz über die Verfahren?
Zeugin 7	Nein.
Richter	Haben Sie einen Namen in Erinnerung?
Zeugin 7	Ja, Weise. Man hat von ihm gesagt »der Blinde«. Auf dem Gang habe ich ihn sofort erkannt.

Richter	Woher der Beiname?
Zeugin 7	Er trug damals eine Augenklappe.
Richter	War Weise schon da? Welche Erinnerung haben Sie?
Zeugin 7	So viel ich weiß, verbinden sich erste Erinnerungen mit Weise.
Richter	Weise kam erst im April nach Auschwitz!
Zeugin 7	Es waren Polinnen da und Slowakinnen. Ich war die einzige Deutsche. Wir mussten die Wäsche von Toten in Packen binden. Er sprach mich an: Wieso sprichst du so gut Deutsch? Warum bist du in Auschwitz? Hast du Hunger? Ich habe es nicht verneint. Andere Häftlinge warnten mich, Weise sei heimtückisch. Dann brachte er mir ein mit Schinken belegtes Brot mit, hielt es vor mich, warf es auf den Boden und zertrampelte es.

Nachdem ich die Haare verloren hatte, erkannte ich, dass keiner es gut meint, dass alle unmenschlich sind. |
Richter	Was geschah mit Gegenständen, die Sie beim Filzen fanden?
Zeugin 7	Ich musste sie bei der Wachmannschaft abgeben.
Richter	Mussten Sie tags sammeln und abends abliefern?
Zeugin 7	Sie wurden immer abgeholt.
Richter	Was geschah weiter damit?
Zeugin 7	Ich weiß es nicht genau. Es gab eine Aufforderung Weises, Fundstücke an ihn abzugeben.
Richter	Gab es dafür besondere Vergünstigungen Weises an Sie?

Zeugin 7	Es war mir klar, dass ich sie nicht bekommen würde. Von da an habe ich alles in den Lehmboden gestampft. Ich habe nicht damit gerechnet, dort lebend rauszukommen. Es gab keine Berührung mehr mit Weise, auch Sichtkontakt vermied ich.
Richter	Wurden Sie auch geschlagen?
Zeugin 7	Von Weise? Nein, von anderen. Man war kein Mensch mehr, man war eine Nummer. Man hatte zu niemandem mehr Vertrauen. Ich selbst war auch zu feige oder auch zu ängstlich, hab alles vermieden …
Richter	Gab es einen SS-Mann, der sich menschlich verhalten hat?
Zeugin 7	Mir ist keiner begegnet.
Richter	Ist Ihnen der Name »Wurm« oder »Wunsch« vom Hörensagen bekannt?
Zeugin 7	Ich bin mir nicht sicher. Ich habe immer geradeaus gesehen.
Richter	Wunsch hatte eine Knieverletzung. – War Weise auch in Ravensbrück?
Zeugin 7	Nein! Nach August 1944 nahm ich ihn auch nicht mehr wahr.
Richter	Sie wagten ja nicht einmal, aufzusehen. Ist es möglich, dass Sie an ihm vorbeimarschiert sind?

(Der Angeklagte mustert die Zeugin interessiert.)

Richter	Gab es eine Anweisung, SS-Leute nicht anzusehen?
Zeugin 7	Man wusste das!
Richter	Zurück zum Transport Auschwitz – Ravensbrück. War Weise ein Begleiter?

Zeugin 7	Nein. Ich war nur ca. vier Nächte in Ravensbrück.
Richter	Zwischen den Arbeitsbaracken verlief eine Straße. Was spielte sich da ab?
Zeugin 7	Ich habe Menschen kommen sehen. Sie haben uns gefragt, was für Arbeit auf sie warte. Sie schöpften Hoffnung, dass nicht nur vernichtet wurde, sondern auch gearbeitet. Wir warfen Brot über den Zaun.
Richter	Hätte man Bekannte erkennen können?
Zeugin 7	Polen und Slowaken waren länger da. Später, bei Griechen und Ungarn öfter.
Richter	Wie viele Menschen arbeiteten im Kanada?
Zeugin 7	Gleich viel. Ab und zu wurde aufgefüllt.
Richter	Nennen Sie eine genaue Zahl.
Zeugin 7	300 bis 400.
Richter	Auch Männer?
Zeugin 7	Ja, im Krematorium und im Zubringerdienst.
Richter	Gab es innerhalb von »Kanada« auch Männer?
Zeugin 7	Meines Wissens nicht.
Richter	Wurde Kleidung etc. über LKW und Karren gebracht?
Zeugin 7	Ja.
Richter	Gab es die Möglichkeit des Nachrichtenaustauschs?
Zeugin 7	Ja, zum Beispiel: »Ihr müsst aushalten!«
Richter	Gab es Übergriffe gegenüber männlichen Häftlingen?

Zeugin 7	Nein, wir waren ausschließlich in unseren Baracken. Nur zwei Männer kamen für Reparaturen etc. ins Lager.
Richter	Kamen Menschenkolonnen am »Kanada« vorbei? Gab es Übergriffe?
Zeugin 7	Ja, ständig.
Richter	Gab es Erschießungen?
Zeugin 7	Eine Frau, die schon im Krematorium war, kam noch einmal heraus. Sie wurde erschossen.

(Der Angeklagte macht einen überraschten Eindruck, wippt nervös mit den Knien.)

Richter	Und beim Aufstand?
Zeugin 7	Es gab sofort eine Lagersperre, niemand durfte die Blöcke verlassen.
Richter	Gab es beim Aufstand einen Zählappell?
Zeugin 7	Den gab es immer, egal, ob etwas los war oder nicht.
Richter	Es geht um den Aufstand!
Zeugin 7	Daran habe ich keine direkte Erinnerung.
Richter	Wie waren die SS-Leute bewaffnet?
Zeugin 7	Gerten.
Richter	Wurde von Pistolen Gebrauch gemacht?
Zeugin 7	Ja, wenn geschossen wurde, nahm ich an, dass davon Gebrauch gemacht wurde.
Richter	Mussten Sie auf dem Weg zur Sauna Zäune passieren – oder war der Weg frei?
Zeugin 7	*(zögert, überlegt)*

Staatsanwalt:	Sind Sie sicher, dass der Angeklagte eine Augenbinde getragen hat? Bei einer früheren Vernehmung sagte Sie aus, er habe sie *nicht* getragen.
Zeugin 7	Ja, *nicht immer* getragen!

(*Der Angeklagte grinst.*)

Verteidiger	Hatten Sie Kontakt zu Frau L.[38]?
Zeugin 7	Wir lagen in derselben Koje.
Verteidiger	Wie lange?
Zeugin 7	Die ganze Zeit. Auch auf dem Transport nach Ravensbrück.
Verteidiger	Hatten Sie in Ravensbrück Kontakt zu ihr?
Zeugin 7	Erst wieder nach dem Krieg. 1961 haben wir uns gegenseitig besucht.
Verteidiger	War er der »Wiener«? Ist Ihnen an der Sprache des »Blinden« etwas aufgefallen?
Zeugin 7	Nein. Mir nicht. Nicht wienerisch. Er war sehr jung, der »Blinde«. Ich dachte, so jung kann er eigentlich nicht gewesen sein, um im Lager eine solche Rolle zu spielen.[39]
	Ich hatte Angst, ihn überhaupt richtig anzusehen.
Verteidiger	Wann war der Schinkenbrot-Vorfall? Im März oder im April?
Zeugin 7	Die Zeit verwischt sich etwas nach so langer Zeit. Als ich ins Lager kam, war es noch sehr kalt und es lag Eis. Als ich dann nach Kanada kam, muss es eine wärmere Jahreszeit gewesen sein.

---

38 D.i. Zeugin 5
39 Der Angeklagte war zum fraglichen Zeitpunkt ca. 22, die Zeugin 18 Jahre alt.

Verteidiger	Können Sie den Geräuschpegel im Lager beschreiben?
Zeugin 7	Es war nicht leise, wenn Sie das meinen.
Verteidiger	Haben Sie vom Frauenkrematorium her einen Schuss gehört? Wie weit war das Krematorium genau von Ihnen entfernt?
Zeugin 7	*(überlegt, sagt dann)* Circa 30 Meter. Ich stand ja an Baracke IV, da waren ja gleich die Krematorien.
Staatsanwalt	Haben Sie in Tagschicht oder in Nachtschicht gearbeitet?
Zeugin 7	Es kam bei Blocksperren auch vor, dass nachts gearbeitet wurde. Die Blocksperre gab es bei Transporten.
Richter	Gab es bei den Ungarntransporten[40] Tag- und Nachtschicht?
Zeugin 7	Nein.
Richter	Schätzen Sie mal die Saallänge!
Zeugin 7	Etwa 50 Meter.
Richter	Sind aber 18! – Früher haben Sie ausgesagt, man habe Ihnen hinterbracht, Weise ließe sie beobachten.
Zeugin 7	Ja, nachdem ich das in den Boden gestampft habe.
Richter	Konkret?
Zeugin 7	Man musste ja immer aufpassen, selbst bei Mithäftlingen.

Die Zeugin bleibt als Geschädigte unvereidigt.

---

40 Seinen Höhepunkt erreichte das Vernichtungsprogramm im Sommer 1944: Innerhalb von zwei Monaten verschleppte die SS etwa 400 000 ungarische Juden nach Auschwitz, um sie – mit wenigen Ausnahmen – sofort zu töten. Vgl. SPIEGEL 5/2015

Zeuge 8

Ungar. Er war von 1942 – 1945 in Auschwitz und blieb dort bis zur Evakuierung. Im Alter von 21 Jahren wurde er bei der Ankunft im Lager von seinen Eltern getrennt. Die Eltern und ein Bruder sind in Auschwitz umgekommen. Zunächst kam der Zeuge ins Stammlager Auschwitz. Ab September 1942 arbeitete er an der Rampe.

Richter	Wie wurden Sie als Häftling geführt? Wurde eine Kartei geführt?
Zeuge 8	Wir wurden in einem dunklen Raum hinter der Küche untergebracht. Dort waren schon slowakische Häftlinge. Von da aus ging es in die politische Abteilung. Wir mussten uns nach alphabetischer Ordnung aufstellen. Dann wurde jeder Einzelne befragt. Ich wurde von einem früheren Bekannten tätowiert. Er sagte zu mir: »So, du bist hier auch angekommen!«
	Block 11 hatte nur eine Seite mit einem Fenster. Auf der gegenüberliegenden Seite waren Bretter, daneben der Erschießungsplatz. Nach dem Morgenappell gingen 11-12 Leute weg zur Arbeit. ...

(Der Angeklagte mustert den Zeugen. Er macht den Eindruck, als versuchte er, ihn wiederzuerkennen.)

Zeuge 8	*(weiter)* ... Aus Zeitungen und mündlichen Berichten wusste man, dass die Leute aus der Gegend in Ghettos kämen. Ich nahm an, Auschwitz sei eine vorübergehende Angelegenheit. Zunächst war ich drei Monate im Stammlager, von Ende September bis Ende Dezember 1942 bzw. Anfang

Januar 1943. Es war irgendwann nach Weihnachten. Ich hab mich bei der DAG[41] hingestellt, da gab es einen festen Arbeitsplatz. Es gab Brot. Da hab ich mich bewährt, das ging mir sehr von der Hand. Skimontage. Ich durfte meinen Bruder mitbringen. Der war zuvor im Brunnenbaukommando. Ab Januar 1943 kam ich dann in eine andere Arbeitsgruppe, zur Montage von Munitionskisten. Dann in das sogenannte italienische Barackenablage-Kommando.

Eines Tages gab es die Formierung eines neuen Arbeitskommandos: das Kanada-Kommando, »Aufräumungskommando«. Ich wurde auf Block 6 verbracht. Da waren die Häftlinge, die im Kanada-Kommando arbeiten sollten. ...

(Der Zeuge bekommt eine Skizze vorgelegt: das Stammlager, in Richtung Südwesten das alte Kanada-Gelände. Er erkennt es wieder.)

Zeuge 8   *(weiter)* ... Nach kurzer Zeit wurde ich ins Lager Birkenau verlegt.

(Der Zeuge bekommt eine weitere Skizze vorgelegt. Stellt fest, dass die Skizze von 1944 ist, also auf den diskutierten Punkt nicht zutrifft.)

Richter   *(stellt richtig)* Gemäß der »Frankfurter Entscheidung« wurde festgelegt, dass die Barackenverlegung zu einem anderem Zeitpunkt stattgefunden habe.

---

41 Abkürzung für »Dynamit AG«, eine Tochterfirma der Dynamit Nobel AG, die vom Oberkommando des Heeres (OKH) mit dem Bau einer Rüstungsfabrik beauftragt worden war.

Zeuge 8	Die Rampe wurde erst im Januar 1944 fertiggestellt. Für die ungarischen Transporte gab es eine eingleisige Holzrampe. Die dreigleisige Rampe wurde erst 1944 fertiggestellt.
	Ich wurde 1944 ins Männerlager verlegt, dort ins Lager für arbeitsfähige Männer. In diesem Bereich lag auch Block 11.
Richter	In welchem Bereich durften Sie sich vom Lager Kanada aus bewegen?
Zeuge 8	Wenn man anderthalb Jahre da war, war man eine alte Nummer, man konnte sich etwas besser bewegen gegen entsprechende Gegenleistungen.
Richter	Wie war das denn mit der Bewachung?
Zeuge 8	Ich habe als Elektriker oft kleine Reparaturen in der Wachbaracke ausgeführt. Die Frauenbaracke lag neben der Baracke der Wachposten.
Richter	Schildern Sie bitte einmal den Tagesablauf in »Kanada«.
Zeuge 8	Morgens, abends Appell. Dazwischen Arbeit. Ich erinnere mich an Transporte, die nicht mehr selektiert wurden, sondern gesammelt ins Krematorium kamen.
Richter	Erzählen Sie uns mehr über Kanada!
Zeuge 8	Den Ankommenden wurde alles abgenommen, vor der Baracke aufgekippt, dann kam es in die Baracken, die Magazine. Dann wurden die Gegenstände sortiert, wieder in Koffer gepackt und in andere Baracken verbracht. Hier kam es zu einer weiteren Durchsuchung der Gegenstände auf Wertsachen. Mäntel wurden durchgeknetet, dann gestapelt und weitergeschickt.
Richter	Erklären Sie uns den Begriff »Effekten«!

Zeuge 8	Das waren ungeheure Berge von mitgebrachten Gegenständen …
Richter	Wie war das mit den Wachposten?
Zeuge 8	Es gab eine große und kleine Postenkette.
Richter	Wie war die Bewegungsmöglichkeit für das Bewachungspersonal?
Zeuge 8	Darüber kann ich keine Auskunft geben. Ich nehme an, dass die SS-Offiziere sich frei bewegen konnten.
Richter	Wie war Ihre Arbeit eingeteilt?
Zeuge 8	In zwei Schichten. Hauptsächlich in Nachtschicht.
Richter	Gehört zu den Ihnen bekannten Namen der Name »Weise«?
Zeuge 8	Erinnere mich nicht. Erkenne ihn hier nicht wieder.
Richter	*(verweist auf Augenverletzung des Angeklagten)*
Zeuge 8	Ich erinnere mich an einen großen, blonden Einäugigen, der sagte:»Geh ja ran, du blöder Heini!« – Der hieß bei uns »der blöde Heini«. – »Hast du nicht gesehen, wie schmutzig meine Knobelbecher sind?« – Ich kniete nieder und bekam einen Tritt vor die Brust. »Siehst du nicht, sie glänzen noch nicht!« So bisschen so'n Albinotyp. Der schielte – oder so. Etwa Mai oder Juni 1943 bis ca. Mai 1944. Der muss dann ca. im Juni 1944 von dort weggegangen sein. Ich hab ihn selbst über mehrere Monate dort erlebt.

Während der ungarischen Transporte war Hochsaison – da musste der Zaun neu geladen werden, da gingen Sicherungen kaputt. |
| Richter | Gab es derartige Vorfälle im Kanada? |

Zeuge 8	Ja, bei Fluchtversuchen.
Richter	Können Sie sich an Einzelheiten erinnern?
Zeuge 8	Ich kann mich nur an einen Fall erinnern: Wir kamen als »Stückzahl« an. Der Aufpasser musste abrechnen. Unkontrolliert fehlte keiner. Suchappelle blieben nicht unbemerkt. Wir mussten so lange im Kalten stehen und warten, bis einer gefunden war …
Richter	Wurden Sie bei Ankunft alle registriert?
Zeuge 8	Nein, nur die Zugänge. Die, die direkt ins Krematorium gingen, wurden nicht registriert. Eine alte Frau wurde gleich beim Abladen kaputtgemacht. Es war nur von Interesse, welche Nummer fehlt, welche Arbeitsgruppe? Die große Postenkette blieb dann bis zu drei Tagen und Nächten. Es wurde so lange gesucht, bis die Zahl wieder stimmte.
Richter	Gibt es Dinge aus dem Lager, von denen Sie erst *nach* dem Krieg gehört haben – von Vorfällen aus dem Lager Kanada?
Zeuge 8	Es ist ja so … Nach dem Krieg hatte ich Kontakt mit fünf oder sechs Kameraden. Sie müssen schon verstehen, da hat man über alles gesprochen. Was da unter der Oberfläche gewesen sein soll … davon wussten wir nicht.
Richter	Könnte man nicht davon ausgehen, dass Sie alles mitkriegten?
Zeuge 8	Eigentlich schon, mit einer Ausnahme. Bei den Ungarntransporten. Das war so furchtbar. Ich war ja in der Nachtschicht, bin denen von der Tagschicht nicht begegnet.

Staatsanwalt	Das »neue« Kanada existierte erst ab September 1944 – gemäß den Unterlagen von damals.
Zeuge 8	Ja, die Sauna war da, das kann sein.
Staatsanwalt	Das alte und das neue standen also nebeneinander?
Zeuge 8	Ja, wir haben schon beträchtliche Vorräte an Effekten dort vorgefunden. Kann sein, dass da schon was war. ... Es gab auch humane SS-Leute. Ein SS-Mann soff mit einem ungarischem Häftling Wodka aus einer Flasche. Der baute einen Ofen in der Baracke. An Klos kann ich mich nicht erinnern.
Richter	Kann dieser nette SS-Mann der Angeklagte gewesen sein?
Zeuge 8	Nein, ich hätte mich daran bestimmt erinnert, wenn das der *blöde Heini* gewesen wäre.
Staatsanwalt	Sagt Ihnen der Begriff »Lederfabrik« was?
Zeuge 8	Ja ... da wurden sehr viele Preziosen gefunden ... sehr viele Unglücksfälle ...
Richter	*(liest)*[42] »W. mauerte Heizstellen, sanitäre Anlagen. Wenn ich Häftlinge bestrafe, dann nur, um sie vor härteren Strafen zu bewahren. ...« *(weiter)* »... Die Baracken waren sogenannte Pferdestallbaracken, ohne Lüftungsstelle, nur an den Steinseiten ...« *(öffnet das Buch* »Wo vorher Birken waren« *von Krystyna Zywulska, liest)* »Abends im Block erfuhren wir (...) daß es sich um einen Judentransport gehandelt hatte – um Bürger verschiedener Nationen, die auf Befehl aus Berlin ohne Selektion ›ins Gas geschickt worden waren.‹«[43] *(liest*

---

42 Der Richter beruft sich hierbei auf eine früher erfolgte Einlassung des Angeklagten.
43 Vgl. Zywulska, S. 158

	weiter) »Große Lastwagen fuhren die Kleidung der Vergasten aus allen Krematorien ins ›Kanada‹. Dort arbeiteten etwa tausend Mädchen Tag und Nacht.«[44] Da wurde mit Säcken und Scheren gearbeitet, wegen der Haare.
Zeuge 8	1000 insgesamt!
Verteidiger	Können Sie exakte Zahlenangaben zum »alten« und zum »neuen« Kanada machen?
Zeuge 8	*(schweigt)*

(Der Angeklagte zupft nervös an seinem Krawattenknoten.)

Verteidiger	*(weiter)* Wie wurden die Transporte denn abgeliefert?
Zeuge 8	Hab mich im Juli 1944 an die Rampe gemogelt, um evtl. Verwandte aus Ungarn zu finden. … Die SS-Leute mussten dafür sorgen, dass alles richtig ankam und weiterlief. Da kam Wäsche und Kleidung, die vom Körper her warm war. Die Häftlinge haben ihre Sachen bis zum Schluss bei sich gehabt. Die Effekten waren daher besonders beliebt. … Die Wachleute hatten immer Pistolen bei sich. Der »blöde Heini« hatte immer eine Waffe oder einen Ochsenziemer bei sich.

Der Zeuge willigt in eine Vereidigung ein. Nach dem Eid wird er entlassen.

---

44 Vgl. Zywulska, S. 195

Zeuge 9

Der Zeuge wurde am 19.12.1916 in Wien geboren (gibt genaue Adresse an). Er kam im Februar 1942 nach Auschwitz, ins Hauptlager. Im Dezember 1943 kam er nach Birkenau, in die Desinfektionsabteilung. Im September 1944 wurde er weiterverlegt.

Richter	Sie waren also von Dezember 1943 bis August 1944 in Birkenau?
Zeuge 9	Ja.
Richter	Haben Sie dort auch gewohnt?
Zeuge 9	Ja, im Lager Kanada.
	In der Unterkunfts-Baracke waren weibliche und männliche Häftlinge. Hier war auch mein Arbeitsgebiet.
Richter	Woraus bestand Ihre Tätigkeit?
Zeuge 9	Das ist aktenkundig.
Richter	Ja, trotzdem!
Zeuge 9	Nach dem Weggang von Georg K. bin ich Oberkapo geworden. Für Gesamt-Kanada.
Richter	Wer war Ihr Ansprechpartner?
Zeuge 9	Unterscharführer Wurm.
Richter	Kennen Sie andere Namen?
Zeuge 9	Die meisten!
Richter	Nennen Sie ein paar!
Zeuge 9	*(nennt vier Namen, darunter den des Angeklagten)*
Richter	Bedarf?
Zeuge 9	Ja!
Richter	Wagner?

Zeuge 9	Auch.
Richter	Hahn?
Zeuge 9	Ja, der war Hauptscharführer. Kam später erst.
Richter	Wechselte die Ressortzugehörigkeit schon mal?
Zeuge 9	Ja.
Richter	Wie war die Bewegungsmöglichkeit im Lager?
Zeuge 9	Ich konnte mich in ganz Birkenau bewegen, hatte einen Ausweis vom Lagerkommandanten. Wenn Neuzugängen kamen, musste ich mit den Häftlingen rübergehen, zur Effektenkammer, zum Tätowierer etc.
Richter	Das war eine gewisse Sicherheit?
Zeuge 9	*(versteht zunächst nicht. Bezieht die Frage zuerst auf sich, dann aufs Tätowieren)* Ja, wie gestempelt.
Richter	Viele hingegen wurden sofort selektiert.
Zeuge 9	Ja. Kinder, alte Leute über 60 oder Kranke – die wurden auf der Rampe schon ausgesucht.
Richter	Wurde auch anderswo selektiert?
Zeuge 9	Ja, bei kleineren Transporten. Die kamen zu uns in die Sauna, auf die *unreine* Seite, wurden sortiert, marschierten gleich ins Krematorium. Andere wurden desinfiziert etc., die kamen dann zur Arbeit etc.
Richter	Waren dafür SS-Leute zuständig? … Hatten Sie auch Zugang zum übrigen Lager?
Zeuge 9	Ja sicher. Wenn wir ham müssen eine Baracke desinfizieren …
Richter	Anfangs waren Sie im Stammlager?
Zeuge 9	Richtig!

Richter	Wie weit war die Entfernung zwischen beiden Lagerteilen?
Zeuge 9	Geschätzt neun Kilometer.
Richter	Ist Ihnen das Kommando »Rotkäppchen«[45] bekannt?
Zeuge 9	Altes Kanada, *(verfällt in Dialekt)* dös woar an Bauernhof ... I hob damit ja nix zo dun g'hobt.

(Der Zeuge wird nach vorn gebeten, Fotos anzusehen. Er legt bei dieser Gelegenheit eigene Fotos vor.)

Richter	Zurück zu den Namen von SS-Bewachern: Erkennen Sie *den* hier wieder?
Zeuge 9	Ja, da sitzt er! Da, mit dem Schmiersamt-Anzug. Das war der Gottfried mit seinem scheuen Namen, dem heiligen ... Die waren alle gut ernährt!
Richter	Kannten Sie auch jemanden, der hinkte?
Zeuge 9	Ja, EK I[46], das war der Wunsch, Franz.
Richter	Gab es andere Kennzeichnungen?
Zeuge 9	Ja, der Weise. Der hatte nur ein Auge. Ich hab ihn immer nur den Hag'n, *der Hagen* genannt.
Richter	Sie wurden bereits in Wien vernommen?
Zeuge 9	Ja, 1983, im Innenministerium. Damals hab ich ihn nicht erinnert. Ja, wann mer'n persönlich sieht ...

(Der Angeklagte amüsiert sich.)

... Hab zu ihm g'sagt, will nach 40 Joahr nix mehr davon wissen.

---

45 Frauen, die in der Munitionsfabrik von *Siemens* arbeiteten, trugen neben Häftlingskleidung rote Kopftücher. Vgl. Hart, S. 78. Entsprechend wurde dies Kommando im Lagerjargon »Rotkäppchen-Kommando« genannt.
46 Eisernes Kreuz I: Militärischer Verdienstorden

Richter	Haben Sie andere Erinnerungen im Zusammenhang mit dem Angeklagten?
Zeuge 9	Ja, in der Bettfedernbaracke. Da ist ein Häftling eingeschlafen. Der Angeklagte hat ihn erwischt und so bearbeitet, dass er in die Krankenbaracke gekommen ist. Ist gemeldet worden. Ich hab melden müssen ob Zugang, Abgang etc. »Krank« hieß »Abgang«. Namenmäßig, nummernmäßig. Der ist nicht mehr zurückgekommen.
Richter	Wurde er möglicherweise erschossen?
Zeuge 9	Da gab's einen anderen Vorfall ... davon hab ich später erfahren. Ich war nicht in jeder Baracke. Drei Transporte tags, drei Transporte nachts. Die »kleinen« Transporte sind bei uns über Nacht geblieben.

Ein zweiter Fall: Aus dem Lager Kanada war allgemein bekannt, der Herr Gottfried Weise, angeblich war er mit dabei, *angeblich*, ... da bekam einer eine Büchse auf den Kopf ...*(fällt zurück in Dialekt)* ... die Büchs'n hot er nit getroffen. – War der ang'soffen? Wer woar dös wieder von die Ang'soffnen? – Heit wissen's nix un san's still. |
Richter	Welche Antwort?
Zeuge 9	SS-Leute holten olle z'samm. Der Einäugige ... erst ist mir »Ślepy« geläufig gewesen. Noch ana ...
Richter	War das Büchsenschießen ein allgemeiner Sport?
Zeuge 9	Ja, ein anderer Fall. Der ang'soffene Rottenführer B., hob ich selber g'sehn, in der Sauna, junge Frau ...
Richter	Mit der Büchse?
Zeuge 9	Nein. Bitte, könnten Sie *ihn* fragen ...

Richter	*Er* wird Ihnen nicht antworten! War der Angeklagte in der Lederfabrik?

(Die Frage bleibt unbeantwortet.)

Zeuge 9	Aha dieser Vorfall: Der Graf[47] hat einem einen Prügel über den Hals gelegt, auf den Kehlkopf[48], und da ist der draufgetreten.
Richter	Gab es andere Vorfälle?
Zeuge 9	Häftlinge hatten sich im Waggon versteckt. Der Angeklagte hat sie gefunden. Dös hot eh nix g'nutzt, dass sie sich versteckt hom.
Richter	Was hat er gemacht?
Zeuge 9	Geschlagen!
Richter	Wissen Sie davon nur vom Hörensagen – oder haben Sie es gesehen?
Zeuge 9	Vom Hörensagen von die Mithäftlinge. Ich musste über alles Meldung machen. Ich hab zweimal Beschwerde geführt beim Obersturmführer!
Richter	Was für Fälle waren das?
Zeuge 9	Der soll sich endlich mal gegen die Häftlinge anständig aufführen.
Richter	Wie wurden die Erschossenen registriert?
Zeuge 9	Entweder wurde es vertuscht oder es ist erst später rausgekommen. Nach Soll-Stand, Ist-Stand.

---

47 Im Jahr 1972 wurde in Wien der SS-Unterscharführer Otto Graf von der Anklage der Beteiligung am Mord gemäß (des zur Tatzeit gültigen) § 211 des deutschen Reichsstrafgesetzbuches freigesprochen. Die Eventualfrage nach Totschlag gem. § 212 RStGB wurde von den Geschworenen ... bejaht, jedoch erfolgte ein Freispruch wegen Verjährung. Zit. nach http://www.tenhumbergreinhard.de/1933-1945-taeter-und-mitlaeufer/1933-1945-biografien-g/graf-otto.html
48 Vgl. »Krawatten-Legen«, Fußn.21, sowie Werle, Wandres Ss. 69, 111

	Es ist auch vorgekommen, dass welche weg in Block 10 kamen, zu den Versuchen.[49] Fortpflanzung etc. Zwei war'n dabei, die sind wieder zurück gekommen. Aber als Eunuchen.
Richter	Wie oft sind Häftlinge im Kanada zu Tode gekommen?
Zeuge 9	Im Kanada höchst selten.
Richter	In dem guten halben Jahr – wie viele?
Zeuge 9	*Guten* halben Jahr?
Richter	Wie viele sind nun also umgekommen während der Zeit?
Zeuge 9	Drei! Auf jeden Fall der mit der Büchse! Dann der eine beim Wunsch … war ich nicht dabei …, der wurde als Arbeitsunfall gewertet, do is nix herausgekommen, wer dös woar.
Richter	Wie war die Bewaffnung?
Zeuge 9	Pistol'n!
Richter	Maschinenpistolen?
Zeuge 9	Kann mich nur erinnern dass jeder a Pistol'n g'hobt hot.
Richter	Gab es andere Gegenstände?
Zeuge 9	Ja, Stöcke, Peitsche oder a Ochsenziemer.

Der Zeuge bleibt unvereidigt.

---

49 Zu den Häftlingen der KZ, die den furchtbarsten Leiden ausgesetzt waren, gehörten die Opfer der medizinischen Versuche von Lager- und SS-Ärzten während der Jahre 1941-44. Der größte Teil der Versuche endete tödlich. Vgl. Bedürftig, S. 226; vgl. Bastian, Till S. 82 ff.

Zeuge 10

Werner H.[50], *geb. 1914, ehem. SS-Hauptscharführer, Abt. Verwaltung, Gefangeneneigentum. Der Zeuge war im Zivilleben Verkäufer. Vier Tage vor dem Beginn des Zweiten Weltkriegs, am 27.8.39, wurde er eingezogen. Ende 1940 kam er zum Einsatz in das Wirtschaftsverwaltungs-Hauptamt Oranienburg in Berlin, danach in die Wirtschaftsverwaltung Lager II, Auschwitz-Birkenau, Abteilung »Marketenderwaren«.*

Richter	Sie haben also während des Krieges keinen Schuss abgegeben?
Zeuge 10	Nein!
Richter	Wann kamen Sie nach Auschwitz?
Zeuge 10	Mitte 1944.
Richter	Sie waren Transportführer?
Zeuge 10	Ja!
Richter	Welcher Lagerteil in Auschwitz?
Zeuge 10	Birkenau.
Richter	Immer ein Bereich?
Zeuge 10	Ja, Effektenverwaltung
Richter	*(liest)* ... Nach dem Krieg Auslieferung an polnische Behörden. Verurteilung warum?
Zeuge 10	Zugehörigkeit zur Waffen-SS, Lager Auschwitz. Strafe: 8 Jahre.
Richter	Wo?
Zeuge 10	Krakau, Westpreußen. Das letzte Jahr in Warschau, Spital.
Richter	1955 Überstellung in die Bundesrepublik.

---

50 Vgl. Aussagen Zeugen 2, 6, 11

	Erzählen Sie uns etwas über Ihren Einsatz in der Effektenkammer.
Zeuge 10	Das war das Lager für Kleidung und Wertgegenstände. Sie wurden dort aufbereitet. Mir unterstand die organisierte Arbeitsteilung Auschwitz/Birkenau. Mit dem Stammlager hatte ich wenig Kontakt.
Richter	War die Aufteilung organisiert? Gab es in Auschwitz auch eine Effektenkammer?
Zeuge 10	Ja, selbstverständlich!
	Ich war maximal eine Stunde im Stammlager. Dreckige Effekten kamen ins Stammlager. War in Birkenau im Lager ständig in einer Baracke untergebracht.
Richter	Wie war die Aufteilung von Birkenau?
Zeuge 10	Die Entlausungsanlage,»Sauna« genannt, mit den Entlausungsöfen, größere Waschsäle bzw. Brauseanlagen. Die Kleiderkammer, in der sowohl männliche als auch weibliche Häftlinge arbeiteten.
Richter	Gab es Bewegungsfreiheit innerhalb des Lagers?
Zeuge 10	Die Straße konnte genutzt werden, ein anderes Lager war nicht betretbar ohne Genehmigung. Im Teillager war die Sauna, abgegrenzt. An der Lagerstraße nach Auschwitz rein.
Richter	Hatten Sie Dienst rund um die Uhr?
Zeuge 10	Tag- bzw. Nachtschicht.
Richter	Konnten Sie in der Freizeit das Lager verlassen?
Zeuge 10	Jederzeit. Ich hatte nicht das Bedürfnis, in andere Lagerteile zu gehen.

Richter	Die Begriffe Theresienstadt-Lager[51], Zigeunerlager, sagen die Ihnen was?
Zeuge 10	Zigeunerlager hab ich gehört, Theresienstadt-Lager nicht.
Richter	*(zeigt einen Plan, deutet auf die »Sauna«)* Wo wohnten Sie? Kann es sein, dass die dritte Reihe erst später dazu kam?
Zeuge 10	*(erinnert sich nicht)*
Richter	Worin bestand Ihre Beschäftigung?
Zeuge 10	In der Aufbereitung der weggenommenen Kleidung in gute und schlechte.
Richter	Gab es wertvollere Gegenstände?
Zeuge 10	Die wurden in einer größeren Kiste, einer Wahlurne gesammelt.
Richter	Gab es Unterschiede zwischen Effekten, die Häftlingen gehörten und »abgenommener« Kleidung?
Zeuge 10	*(gibt vor, nicht zu verstehen)*
Richter	Das ist ja nun kein Urlaubsgepäck. Was mussten Sie damit machen?
Zeuge 10	Verpacken, Verladen. Kleidung, Federbetten etc.
Richter	Wie kamen die Gegenstände ins Lager?
Zeuge 10	Auf LKW.
Richter	Wie?
Zeuge 10	Von der Rampe.

---

51 In das Theresienstädter Familienlager wurden mehr als 17.500 jüdische Männer, Frauen und Kinder eingewiesen, die zuvor aus dem Ghetto Theresienstadt nach Auschwitz deportiert worden waren. Wie schon zuvor im Ghetto Theresienstadt selbst diente dies Lager der NS-Propaganda zur Verschleierung des Holocaust. Viele der Bewohner dieses Lagers wussten oder ahnten, dass sie nach sechs Monaten vergast werden würden. Vgl. u.a. Aussage Jehuda Bacon in SPIEGEL 5/2015, ab S. 50; vgl. Klüger, S. 114 ff.

Richter	Nun sind wir also da, wo wir die ganze Zeit drum rum reden.
Zeuge 10	Sie haben bisher nicht danach gefragt!
Richter	Wer führte eigentlich die Arbeit aus?
Zeuge 10	Häftlinge – aus dem Birkenau-Bereich, nicht aus dem Saunabereich.
	(*gibt vor, sich nicht genau zu erinnern*)
Richter	Hatte das Kommando an der Rampe einen besonderen Namen?
Zeuge 10	Weiß ich nicht.
Richter	Es waren immer dieselben Leute dort. Sagt Ihnen »Kanada« was?
Zeuge 10	Hab ich damals gehört, weiß nicht genau einzuordnen.
Richter	Waren in dem Kommando Männer oder Frauen?
Zeuge 10	Männer und Frauen.
Richter	Wie viele Leute etwa?
Zeuge 10	Ca. 60-90. Die Zahl war etwa gleichbleibend.
Richter	Gab es Zeiten, in denen besonders viel zu tun war?
Zeuge 10	Ja, wenn schönes, trockenes Wetter war. Dann konnte auch außerhalb der Baracken gearbeitet werden. Es kamen auch noch Transporte an.
Richter	Kann es sein, dass es zeitweise bis zu 1000 Leute waren?
	Wie lange war eine Schicht?
Zeuge 10	Keine genaue Zeit.
Richter	Waren Sie allein als Aufseher eingesetzt?
	Wie war Ihr Platz in der Hierarchie?

Zeuge 10	Länger Diensttuende hatten eine bessere Stellung, unabhängig von Dienstgraden.
Richter	Welche Stellung nahmen Sie ein?
Zeuge 10	Überwachung der Verladung, Beaufsichtigung der Sortierung, Befehlsgewalt. Aber nicht: Mitbestimmung in der Effektenverwaltung, schriftliche Abteilung.
Richter	Jetzt einmal konkret: Was waren Ihre Befehle?
Zeuge 10	Auschwitz, Hauptlager.
Richter	Ihr Vorgesetzter?
Zeuge 10	Krätzer[52].
Richter	Wie viele Untergebene hatten Sie?
Zeuge 10	Ca. 6 Leute.
Richter	Wie war der Tagesablauf der Häftlinge?
Zeuge 10	Wecken um 7 Uhr, dann Arbeitseinteilung, Aufsicht durch Aufseherin.
Richter	Sie mussten aus dem abgesperrten Bereich in den Arbeitsbereich geführt werden. Wie?
Zeuge 10	Die Aufseherin hat abgezählt, herausgeholt, jeweils in Arbeitsbereiche eingeteilt.
Richter	Gab es Zählappelle?
Zeuge 10	Jeden Abend!
Richter	Stimmte da auch mal die Zahl nicht?
Zeuge 10	Kann mich nicht erinnern. Soweit ich mich erinnere, stimmte die Zahl immer.
Richter	… trotzdem? …
Zeuge 10	… ist mir nichts bekannt darüber.
Richter	Wer machte den Zählappell?

52 D.i. Zeuge 11

Zeuge 10	Untergebene.
Richter	Als Sie nach Auschwitz kamen, waren Sie Hauptscharführer?
Zeuge 10	Ja. In der Hierarchie des KZs hatte das keine wesentliche Bedeutung.
Richter	Mir ist immer noch nicht klar, worin Ihr Aufgabenbereich genau bestand?
Zeuge 10	Beaufsichtigung des Arbeitsablaufs und, wesentlich, das Verladen.
Richter	Der Leiter der Effektenkammer hieß Unterscharführer Bohn oder ähnlich.
Zeuge 10	Ja, es gab auch eine Aufseherin in ähnlicher Funktion. Ich hatte auch darüber nichts zu bestimmen.
Richter	Warum hatten Sie diese relativ unbedeutende Tätigkeit, wo alle Männer im Krieg gebraucht wurden?
Zeuge 10	... leider ... Danach bin ich nicht befragt worden.
Richter	Dies »leider« wollen wir hier lieber nicht .... Die Bedeutung Ihrer Tätigkeit ist mir immer noch nicht klar – bezüglich Rang, untergeordnete Tätigkeit etc.
Zeuge 10	Das ist mir genauso fremd vorgekommen! Ich war immer ein Außenseiter und bin nie in die Stammmannschaft aufgenommen worden.
Richter	Wie sahen Krätzers Befehle aus?
Zeuge 10	Sehr mangelhaft!
Richter	Wurde da nur so hin gewurstelt?
Zeuge 10	Kann man so sagen.
Richter	Gingen von Birkenau aus auch Transporte ab?

Zeuge 10	Vor Weihnachten 1944 gingen LKW nach Buchenwald.
Richter	Wer machte die Organisation?
Zeuge 10	Dazu musste ich dann die Einteilung machen.
Richter	Wohin die Sachen gingen?
Zeuge 10	Das ist mir unbekannt.
Richter	Wo war der Angeklagte tätig?
Zeuge 10	Anfangs in der Effektenverwaltung.
Richter	Wann genau?
Zeuge 10	September oder Oktober 1944. Habe kein Tagebuch geführt, weiß nicht, warum ich mich genau an die Zeit erinnere.
Richter	War in Birkenau auch die Effektenverwaltung?
Zeuge 10	Nein, in Auschwitz.
Richter	Sie sind doch nur einmal im Hauptlager gewesen, um Essensmarken oder Ähnliches zu holen. Woher wissen Sie dann, dass der Angeklagte nicht in der Standortverwaltung war, sondern in der Effektenverwaltung?
Zeuge 10	Als wir außerhalb des Lagers ankamen, wurden wir in unterschiedliche Lager abkommandiert. Jeweils 10 Mann.
Richter	Woher aber wussten Sie es genau?
Zeuge 10	*(bleibt die Beantwortung schuldig)*
Richter	Sie beaufsichtigten 6-8 Mann. Auch den Angeklagten?
Zeuge 10	Ja.
Richter	Erschöpfte sich die Tätigkeit des Angeklagten in Aufsicht?
Zeuge 10	Ja. Einmal u.U. auch Zählappell.

Richter	War der Angeklagte bis zur Auflösung des Lagers da?
Zeuge 10	Ja.
Richter	Gab es Vorkommnisse?
Zeuge 10	Nein!
Richter	Positiv oder negativ?
Zeuge 10	Nein, nichts. Ich möchte eher sagen, er war ruhig.
Richter	Besondere Vorkommnisse???
Zeuge 10	Eins: Ja, einmal lief ein Häftling gegen den Stacheldrahtzaun. Was daraus geschehen ist, weiß ich nicht. Es gab einen Schrei:»Strom schnell abschalten!« – sonst nichts.
Richter	Ist in dem Bereich jemand zu Tode gekommen?
Zeuge 10	Mir ist nichts bekannt.
Richter	Haben Sie gehört, was außerhalb Ihres abgegrenzten Bereichs geschah?
Zeuge 10	Ja. Die Bedeutung der Krematorien war mir auch bekannt. Ich konnte es anfangs nicht glauben. Auch, was an der Rampe geschah. … Ich konnte als Außenstehender an der ganzen Perfektion nichts ändern.
Richter	(liest – 14.06.1977, derselbe Zeuge)»Erstmals habe ich im Januar 1944 allgemein gehört. Damals war ich in Oranienburg. In Auschwitz habe ich nichts mitgekriegt. Von den Vernichtungsmaßnahmen in Auschwitz habe ich persönlich nichts mitbekommen.«
Richter	Gibt es da nicht einen Widerspruch?
Zeuge 10	Ja, ich war ja selbst nicht dabei.

Richter	(zitiert *Krystyna Zywulska*) »Ganze Tage hindurch sah man Todeskolonnen vorbeigehen. Zuerst kam gewöhnlich Kramer mit seiner Limousine, dann der Rotkreuzwagen mit Gasbüchsen.«[53]
Richter	Nochmal: Gab es besondere Ereignisse? Sonstige Todesfälle?
Zeuge 10	Nein!
Richter	… und dann, wie sie es nicht mehr schafften, wurden sie von den Wachleuten umgebracht?
Zeuge 10	Nein!
Richter	Es gab damals die Formel: *Auf der Flucht erschossen* …
Zeuge 10	Nein!
Richter	Gab es einen Lageraufstand?
Zeuge 10	Ja, ich weiß aber nicht, was daraus geworden ist. Habe nichts gesehen, nur Aufregung bemerkt. Hatte nichts damit zu tun.
Richter	War die Niederschlagung bewaffnet?
Zeuge 10	Ist anzunehmen.
Richter	Was haben Sie davon überhaupt mitbekommen?
Zeuge 10	Viel Hin- und Herrennerei. Und Schüsse.
Richter	Waren Sie bewaffnet?
Zeuge 10	Ja, MP, im Schrank!
Richter	… die für bestimmte Fälle vorgesehen war …
Zeuge 10	Jeder trug eine Privatpistole. Das Wachpersonal trug eine Privatpistole, keine MP.

---

53 Die Büchsen mit dem Zyklon B wurden mit einem Rot-Kreuz-Wagen, mit dem meist auch der Arzt und die Angehörigen des Vergasungskommandos fuhren, zu den Gaskammern nach Birkenau gebracht. Vgl. Werle/Wandres S. 131; vgl. Zywulska S. 210

Richter	Beim Aufstand war doch eine Bewaffnung folgerichtig! Stock oder Peitsche?
Zeuge 10	Hatte man! Zum Durchforsten der verwanzten oder verlausten Kleidung. ... Na ja, man guckte manchmal nach, ob die Kleidung gut war oder so. – Peitsche? Na ja, wenn ein Häftling mal gegen die Ordnung verstoßen hat etc., um zu verhindern, dass der Häftling dann *versetzt* wurde.
Richter	Musste dann Meldung gemacht werden?
Zeuge 10	Nur, wenn einer fehlte.
Richter	Aber »es fehlte doch nie jemand«.
Zeuge 10	Es wurde auch nie Meldung gemacht.
Richter	*(zitiert weiter aus Zywulska)* »›Alle Juden zum Zählappell‹ schrie wutschnaubend Hauptscharführer Hahn. ›Alle verfluchten Juden, Zählappell!‹ Alle Juden, die in der Sauna und im Kanada arbeiteten, liefen blaß und erschrocken zum Appellplatz vor der Sauna und stellten sich in Fünferreihen auf. Hahn stand in der Mitte und schwenkte seine Peitsche.‹«[54]

(Der Angeklagte sieht erst starr vor sich hin, dann richtet sich sein Blick auf den Richter.)

Zeuge 10	Ich kann mich an diesen Vorgang nicht erinnern. MGs gab es im ganzen Lager nicht. Kann mich nicht erinnern, sowas gemacht zu haben. *(wirkt erregt)*
Richter	Zurück zum Thema. »Häftling zu Tode gekommen«. Ist Ihnen zu Ohren gekommen, dass einem Häftling eine Büchse auf den Kopf gestellt wurde?

---

54 Vgl. Zywulska, S. 258 ff.

Zeuge 10	Nie gehört. Wäre auch nicht zu verheimlichen gewesen!
Richter	Hat der Konjunktiv »hätte« und »wäre« eine Bedeutung? Hat es denn?
Zeuge 10	*(betont)* Nichts! Derartiges! ist! mir! überhaupt! bekannt!
Richter	Vielleicht bestand gar keine Notwendigkeit, so etwas zu verheimlichen?
Zeuge 10	Weiß ich nicht.
Richter	*(zitiert Urteil Frankfurt 1965)* »… Unzahl von Übergriffen Einzelner gegenüber Häftlingen …« – Es fällt schwer zu glauben, dass in Ihrem Bereich so etwas nie geschehen sein soll …
Zeuge 10	Kann mich nur wiederholen. Solange ich da war … Kann mich an keinen Fall erinnern.
Richter 2	Wer hätte Meldung erteilen sollen?
Zeuge 10	Bin nie mit derartigen Fällen betraut gewesen.
Richter 2	Was passierte, wenn innerhalb des Lagers ein Mensch verstarb?
Zeuge 10	Habe so etwas nie erlebt. Weiß ich nicht. Ich kann über etwas nicht aussagen, was ich nicht weiß.
Richter	Ist also nicht vorgekommen?
Zeuge 10	Ist nicht vorgekommen.
Richter	Ihr persönliches Verhältnis zum Angeklagten?
Zeuge 10	Haben hin und wieder Schach gespielt.
Richter	Richtig, auf der Stube zusammen?
Zeuge 10	Ja, ca. 3 Monate.
Richter	Haben Sie sich in der Freizeit über die Tätigkeit unterhalten?
Zeuge 10	Nein.

Richter	Auch über Eid?
Zeuge 10	*(lenkt ein)* Höchstens mal über einen einzelnen Häftling.
Richter	Und wenn Sie Tausende ins Krematorium ziehen sahen?
Zeuge 10	Man hat dies Thema vermieden – weil es unmenschlich war. Man war der Maschinerie hilflos ausgeliefert und hat sich mehr ins Innere zurückgezogen.
Richter	Vielleicht hätte man aber auch im eigenen Bereich versuchen können, es etwas menschlicher zu gestalten …
Zeuge 10	Das hat man versucht.
	(erinnert sich daran, eine Aufseherin daran gehindert zu haben, einem Mädchen die Decke wegzunehmen)
Richter	Erinnern Sie sich an eine Verbesserung der hygienischen Verhältnisse?
Zeuge 10	Weiß nicht genau.
Richter	Gab es eine Heizung?
Zeuge 10	Kohleöfen waren vorhanden!
	(erinnert sich nicht an Ofenbau durch den Angeklagten)
Richter	Wäre das möglich gewesen?
Zeuge 10	Möglich, ja. Man hätte nichts dagegen gehabt. Kann ich mir nicht vorstellen.
Richter	Wie verhielt sich der Angeklagte gegenüber Häftlingen?
Zeuge 10	Er war immer sehr ruhig. Ich habe ihn nie aufgeregt gesehen.

Richter	Gab es ein auffälliges Verhalten des Angeklagten? Sie sind Zeuge – es muss den Tatsachen entsprechen.
Zeuge 10	Ich kann mich nicht erinnern.
Richter	Wie war Weises Einstellung zu Häftlingen?
Zeuge 10	Zurückhaltend, mit Abstand.
Richter	Hat er sich privat bedauernd geäußert?
Zeuge 10	*(schüttelt heftig den Kopf)*
Richter	*(zitiert)* »Juni 1977, frühere Vernehmung des Zeugen: ›Über Weises Verhältnis zu Häftlingen könnte ich kaum etwas sagen.‹« *(zitiert weiter)* »Ich würde die Frage, ob er Judenfeind ist, strikt verneinen.‹«
Zeuge 10	Würde ich auch heute noch sagen.
Richter	*(weist auf Widerspruch hin)*
Zeuge 10	*(relativiert sich)* Kaum!
Richter	Hatten Sie nach 1945 Kontakt mit Weise?
Zeuge 10	Ja.
Richter	Haben Sie über die Zeit in Auschwitz gesprochen – nach Wegfall des äußeren Zwangs?
Zeuge 10	Nein, kann mich nicht erinnern. Reden drehte sich um Hunger, Essen, nach Hause gehen.
Richter	Kann es sein, dass Sie Weise aus Polen einen Brief geschrieben haben?
Zeuge 10	Kann mich nicht erinnern. Die Möglichkeiten zum Schreiben waren ziemlich eingegrenzt.
Staatsanwalt	Wann genau waren Sie in Birkenau?
Zeuge 10	Ende Mai 1944.
Staatsanwalt	Stand Kanada »neu« schon?

Zeuge 10	Wurde nach 3-4 Tagen eingeteilt, kein genaues Erinnern. War bei der »Auflösung« auch im Bereich des »alten« Kanada.
Staatsanwalt	Sagt Ihnen »Kommando Lederfabrik« etwas?
Zeuge 10	Nein.
Staatsanwalt	Kann man sagen, dass Sie Kommandoführer waren?
Zeuge 10	Ja!
Staatsanwalt	Wie wurde der Angeklagte unter Kameraden angesehen. Wurde er unter Umständen gehänselt?
Zeuge 10	Nein!
Zeuge 10	*(gibt an, auch keinen anderen SS-Mann mit Augenverletzung zu kennen)*
Verteidiger 1	Wo waren Sie Weihnachten 1944?
Zeuge 10	Erinnere mich an einen »Werttransport«. Es war eine Gelegenheit, die Familie wiederzusehen. Vom 20.-25. Dezember.
Verteidiger 2	»...großer Schielender, blond, Albinotyp?«
Zeuge 10	Nein!
Richter	*(zeigt wieder auf den Plan)* Kann es auch sein, dass der Aufstand in Krematorium IV war?
Zeuge 10	Weiß ich nicht ... Kann sein ...

Pause. Danach wird die Verhandlung fortgeführt.

Richter	Sie kannten den Angeklagten bereits vorher?
Zeuge 10	Seit etwa 1942.
Richter	Hatten Sie Kontakt zu Weise?
Zeuge 10	Nein.
Richter	Auch nicht dienstlich?
Zeuge 10	Nein, wir hatten kein Telefon.

Richter	Wie viele Leute waren Sie überhaupt im Effekten-lager?
Zeuge 10	So ca. 8.
Richter	Über die hatten Sie also die Befehlsgewalt?
Zeuge 10	Wurm hatte die Effektenverwaltung. Führte Buch.
Richter	Aber Befehle von oben kamen doch nicht zum Wurm sondern zu Ihnen?
Zeuge 10	Die kamen direkt zum Wurm.
Staatsanwalt	Haben Sie ab und zu Zählappell …
Zeuge 10	Nicht ein einziger Todesfall!
Staatsanwalt	Die Stärkemeldungs-Weitergabe kam von Ihnen – oder von einem anderen?
Zeuge 10	Nie von mir.
Richter	Wenn das nicht stimmt, dann sehen wir uns hier wieder!

Der Zeuge wird entlassen.

Zeuge 11

Gerd K., geb. 1914, aus Kempten, Allgäu, ehemaliger SS-Obersturmführer. Als Lagerleiter war er Vorgesetzter des Zeugen 10. Übernahm im Juni 1941 im KL Auschwitz II die Verwaltung und blieb bis Dez. 1944. Er war zunächst Verpflegungsoffizier. Nach der Suspendierung wegen eines Lebensmittel-Fehlbestands blieb er 3-4 Monate zu Hause, dann stellte er ein Gesuch, in die Wehrmacht zu kommen.

Richter	Was ist das: Gefangeneneigentumsverwaltung?
Zeuge 11	Effektenkammer. Gelder zur Häftlingsverpflegung.
Richter	Gab es im Lager auch nicht registrierte Personen?
Zeuge 11	Das war Sache der Politikabteilung.
Richter	Was muss ich unter »Effektenkammer« verstehen?
Zeuge 11	Im Effektenlager wurden die Sachen gebündelt, sortiert, verschickt. Es gab auch eine Kleiderkammer. Mein Dienstsitz war im Verwaltungsgebäude außerhalb des Stammlagers.
Richter	Wie groß war Ihre Abteilung personell?
Zeuge 11	In der Wertsachenabteilung 8 bis 10; Effektenkammer etwa 5.
Richter	Gab es in den Abteilungen Abteilungsleiter?
Zeuge 11	*(erläutert die Hierarchie)* Ein Obersturmführer war so etwas wie ein Oberleutnant.
Richter	Erinnern Sie sich an einzelne Mitarbeiter?
Zeuge 11	Ja. *(nennt zwei Namen)*
Richter	Ist Ihnen der Name Hahn bekannt?
Zeuge 11	Sagt mir an und für sich nichts.

(Der Angeklagte macht sich Notizen.)

Richter	War Herr Hahn im Effektenlager als Leiter?
Zeuge 11	Kann mich an den Namen nicht erinnern.
Richter	Er war dort von Mai 1944 bis Januar 1945. Er war Ihnen unmittelbar unterstellt! An einen Schmidetzki erinnern Sie sich? Hahn war dessen Nachfolger.
Zeuge 11	Ich kann mich nicht an den Namen erinnern.
Richter	An den Namen Gottfried Weise?
Zeuge 11	Nicht bekannt.
	(sieht sich forschend um)
	Wenn Neue in die Verwaltung kamen, wurden sie eingeteilt.
Richter	Weise war zuerst in der Gefangenenverwaltung eingesetzt, wo Sie auch waren. Erst später kam er ins Effektenlager II.
	Also auch das nicht!

(Der Angeklagte stützt den Kopf in die Hand, grinst.)

Richter	Erinnern Sie sich an größere Gruppen von SS-Leuten?
Zeuge 11	Meine Haupttätigkeit war Schreibtischarbeit.
Richter	Gab es besondere Vorkommnisse, auch über den Schreibtisch hinaus?
Zeuge 11	Darf ich fragen, welche Vorkommnisse?
Richter	Beispielsweise, ob Häftlinge zu Tode kamen.

(Der Angeklagte hält die Hände unter dem Tisch, beugt sich interessiert nach vorn.)

Zeuge 11	Das hätte bekannt werden müssen. Ich habe während meiner Zeit nie von einer Tötungshandlung an einem Häftling gehört.
Richter	Deutsche Gerichte haben anders befunden!

(Der Angeklagte grinst, sieht sich um.)

Zeuge 11	Es war eine reine Verwaltungstätigkeit. Die Leute in der Effektenkammer hatten immer die Aufgabe, die Häftlinge zu beaufsichtigen.
Richter	Lief zum Beispiel ein Häftling in den elektrischen Zaun?
Zeuge 11	Nicht gehört.
Richter	Ein Grieche – speziell?
Zeuge 11	Kann sein, aber nichts gehört.
Richter	Sagt Ihnen »Wilhelm Tell« etwas?
Zeuge 11	Habe ich erstmals bei der Vernehmung 1983 gehört.
Richter	Oder dass ein Häftling von einem SS-Mann erschossen wurde?
Zeuge 11	Nein, auch nicht.
Richter	1943 an der Rampe?
Zeuge 11	Höchstens Angehörige des Wachkommandos.
Richter	Hätten derartige Ereignisse Ihnen bekanntgemacht werden müssen?
Zeuge 11	Nein!
Richter	Auch nicht in der Effektenkammer oder im Lager?
Richter	*(wiederholt die Frage nach Erschießung eines Häftlings durch einen SS-Mann)*
Zeuge 11	Mir nicht bekannt.

Richter	Wenn Häftlinge im Lager verstorben sind, und das ist vorgekommen! – Wie war dann der Vorgang?
Zeuge 11	Die Effekten des Verstorbenen wurden an die Angehörigen geschickt.
Richter	Gab es eine Nachforschung, warum der Häftling verstorben ist?
Zeuge 11	Damit hatte die Verwaltung nichts zu tun. Das war Sache der politischen Abteilung, der Ärzte.
Richter	Bestand Ihre Arbeit nur aus Bürotätigkeit? Wie oft gingen Transporte aus dem Lager raus? Ist es vorgekommen, dass der Arbeitsaufwand bei Effekten besonders groß war?
Zeuge 11	Ja, das ist vorgekommen.
Richter	Obwohl teilweise 500 Leute tags und nachts ankamen?
Zeuge 11	Ja, aber 500 ist eine sehr hohe angenommene Zahl!
Richter	Bei den Ungarntransporten wurde aufgestockt. – Zum Stichwort Ungarntransporte: Die Auswirkungen betrafen unmittelbar Ihren Tätigkeitsbereich. Täglich kamen bis zu 20.000 Menschen an. Ich glaube Ihnen sogar, dass nicht einmal mehr gezählt wurde.
Zeuge 11	Verwaltungsmäßig war das aus den Effekten nicht ersichtlich.
Richter	Sie bekamen also während der ganzen Zeit Ihrer Tätigkeit keine Kenntnis von Übergriffen?
Zeuge 11	Ich habe das mit der Büchse *nie* gehört.
Richter	Bei Besuchen im Lager wurden Sie nie Zeuge von toten Häftlingen?
Zeuge 11	Nein, ich habe nichts gesehen.

Richter	Bedenken Sie den Ernst dieser Aussage! Wenn Zeugen etwas anderes aussagen, werden wir hier auf Sie zurückkommen müssen!
Zeuge 11	Ich sage nur, ich habe nichts gesehen. Das schließt ja nicht aus, dass es passiert ist … *(verweist noch einmal auf die widerwillige Strafversetzung nach Auschwitz. Er wollte mit der ganzen Sache nichts zu tun haben. Ende 1944 wurde er erneut strafversetzt.)*
Richter	*(zeigt eine Skizze vom Lager Birkenau)* Wie war die Absperrung?
Zeuge 11	Eine Postenkette.
Richter	Konnten Sie von der Standortkommandantur aus die Kontrollen passieren? Konnten Sie sich frei bewegen als SS-Mann?
Zeuge 11	Nein, nur zum Effektenlager.
Richter	Gab es zum Effektenlager keine besondere Abzäunung? Konnte man da so rein?
Zeuge 11	Dem Posten zum Effektenlager war bekannt, dass ich mich nicht ausweisen musste. Meiner Erinnerung nach war es so.
Richter	Wenn der Posten Sie kannte – kannten Sie den Posten?
Zeuge 11	Nein, den kannte ich nicht.
Richter	Auch nicht den Angeklagten?
Zeuge 11	Der Name war mir nicht bekannt.
Richter	Hilft Ihnen das vielleicht weiter: Er hatte ein Auge verloren.
Zeuge 11	Nein, auch das nicht. Es ist zwar nicht ausgeschlossen, aber ich habe beim besten Willen keine Erinnerung.

Richter	Sie arbeiteten monatelang mit dem Einäugigen in der Geldverwaltung zusammen. Ist er Ihnen da nicht aufgefallen?
Zeuge 11	Ich kann dazu wenig sagen. Die Erinnerung fehlt mir.

(Der Angeklagte hört aufmerksam zu, wippt mit dem Oberkörper, vor und zurück.)

Staatsanwalt	Sagt Ihnen der Name »Burger« etwas? – »Wunsch«?
Zeuge 11	Ja.
Staatsanwalt	Wurm?
Zeuge 11	*(sieht den Richter fragend an)*
Staatsanwalt	Sagt Ihnen »Kommando Lederfabrik« etwas?
Zeuge 11	Nein.
Staatsanwalt	»Aktion Reinhard«[55]?
Zeuge 11	Nein.
Staatsanwalt	Welche Bewaffnung hatten die SS-Leute im Effektenlager II?
Zeuge 11	Entweder überhaupt nichts oder Pistolen.
Staatsanwalt	Einen Stock?
Zeuge 11	Möglich, der eine oder andere. Ich kann mich nicht genau erinnern.
Staatsanwalt	Hatten Sie einen Stock?
Zeuge 11	Nein.

---

55 Nach dem Attentat auf den obersten SD-Chef und Polizisten Himmlers, Reinhard Heydrich im Mai 1942 wählte Himmler ihm zu »Ehren« für die Ermordung der Juden im Generalgouvernement den Tarnnamen *Aktion Reinhard*. Im Rahmen dieser Aktion wurden Lager und Gaskammern gebaut, die Deportation der Juden, ihre Tötung und die Erfassung ihrer Wertgegenstände organisiert. Vgl. Bedürftig, S. 9

Staatsanwalt	Wo geschah das Verladen der sortierten Sachen. Worin?
Zeuge 11	In Eisenbahnwaggons.
Staatsanwalt	War die Rampe identisch mit der Rampe, auf der die Juden ankamen? Haben Sie davon gehört, dass Juden sich in den Waggons versteckt hatten?
Zeuge 11	Weiß nicht. Davon habe ich nichts gehört.
Staatsanwalt	Ich nehme Bezug auf das »Tell-Schießen«. Wissen Sie nichts? Als Sport?
Zeuge 11	Nein.
Staatsanwalt	Ist Ihnen als Chef je zu Ohren gekommen, dass Sachen geklaut wurden?
Zeuge 11	Ja. Kleidung, Lebensmittel.
Staatsanwalt	Wie haben Sie davon erfahren? Was geschah mit den Häftlingen?
Zeuge 11	Auf jeden Fall keine Maßnahmen wie Tötung. Vielleicht wurden sie geschlagen – oder so. Das ist möglich.
Verteidiger	Es gab zwei Unterscharführer in der Häftlingsverwaltung.
Zeuge 11	… nach über 40 Jahren!
Richter	Haben sich auch SS-Leute an Effekten vergriffen?
Zeuge 11	1944 gab es eine Kommission, die SS-Angehörige verhaftete, die sich angeblich bereichert hatten. Die bekamen eine Strafpredigt.

(Der Angeklagte scheint interessiert, wendet den Kopf vom Fragenden zum Zeugen und wieder zurück.)

Richter	Sie haben sich nicht in das Verfahren eingeschaltet? Was geschah?
Zeuge 11	Es gab eine Verurteilung, ich weiß nicht, was dann passierte.
Richter	Das war ja unmittelbar Ihr Bereich! Fiel da nicht auch ein Schatten auf Sie?
Zeuge 11	Vorwürfe habe ich öfter gehört von der politischen Abteilung!
Richter	Wurde kein Exempel statuiert?
Zeuge 11	Eventuell wurden die Täter in Auschwitz selbst verurteilt und gestraft.
Richter	Sagt Ihnen Block 11 etwas?
Zeuge 11	Nein.
Richter	*(sieht ihn eindringlich an)* Einen Block 11 gab es sowohl im Stammlager als auch im neuen, der Strafblock.
Zeuge 11	Sie meinen … Gehört hab ich schon …
Richter	Wer saß denn da ein?
Zeuge 11	Kann ich nicht sagen.
Richter	Unter Umständen auch SS-Leute?
Zeuge 11	Nein, dazu kann ich nichts sagen.
Richter	Sag Ihnen der Name *Hahn* etwas?
Zeuge 11	Das kann ich nicht sicher sagen.
Richter	Haben Sie Hahn nun gekannt oder nicht?
Zeuge 11	Namentlich, namentlich …
Richter	Es gab noch einen anderen »Hahn«, der wurde von der Sonderkommission verhaftet.
Zeuge 11	Ja, an den Namen erinnere ich mich.

Richter	An was denn, außer dem Namen noch? Bei ihm zu Hause soll mal ein Pelzmantel gefunden worden sein, auch Waffen soll er sich beschafft haben.
Zeuge 11	Mir ist nichts Genaues bekannt.
Richter	Hahn saß in Block 11. Während der Inhaftierung hat er ein sogenanntes Tarngerät erfunden. Dafür brauchte er Material, und dafür müssten Sie zuständig gewesen sein. – Gemäß Ihrer Erklärung hatten Sie über drei Jahre eine verantwortungsvolle Stelle im Lager inne. Es fällt auf, wie wenig Sie wissen wollen. Waren Sie wirklich so inkompetent, wie Sie es heute darstellen?
Zeuge 11	Nach bestem Wissen und Gewissen!
Richter	Ihr eigener Aufgabenbereich bleibt nebulös und verschwommen.
Zeuge 11	Die Verwaltungsarbeit am Schreibtisch nahm mich voll und ganz in Anspruch.
Richter	Ich komme zurück auf den SS-Mann Schillinger, an der Rampe. Am 24.10.1943 kam ein Transport aus Bergen-Belsen ins Vernichtungslager. Eine der Frauen entriss Schillinger die Waffe und erschoss ihn. Haben Sie davon nie etwas gehört?
Zeuge 11	Ja, irgendwas, … aber nichts Genaueres.
Richter	Erinnern Sie sich an den Aufstand? Wurde dabei das Krematorium IV vernichtet?
Zeuge 11	Irgendwas, irgendwas.
Richter	Haben Sie heute noch Kontakt zu SS-Angehörigen?
Zeuge 11	Nach dem Krieg hatte ich keinerlei Kontakte.

Ende der Verhandlung.

Zeuge 12

Eduard L., geboren 1921, kam 1939 zur Waffen-SS. Nachdem er im Einsatz verwundet wurde, kam er im Januar 1942 ins KZ Auschwitz II. Dort blieb er bis Jan. 1945. Wegen körperlicher Misshandlung von Häftlingen wurde er nach dem Krieg in Polen zu 15 Jahren Zuchthaus verurteilt. Am 8.12.1955 wurde er entlassen. In der BRD bekam er kein Verfahren.

Richter	Als was haben Sie in Auschwitz-Birkenau gearbeitet?
Zeuge 12	Als Lastwagenfahrer. Lebensmittelauslieferung. Während der ganzen Zeit war ich im Hauptlager Auschwitz stationiert.
Richter	Waren Sie auch im Bahnhof Birkenau?
Zeuge 12	Nein, nur in Auschwitz.
Richter	Wie groß war die Fahrbereitschaft?
Zeuge 12	40 LKW, PKW, MAN-Kipper.
Richter	Wo war die Küche im Stammlager?
Zeuge 12	Jede Abteilung hatte eine eigene Küche.
Richter	Was verstehen Sie unter Effekten?
Zeuge 12	Ich habe nie Effekten transportiert.
Richter	Gab es Menschentransporte?
Zeuge 12	Nein!
Richter	Nein? Denken Sie mal nach, Herr L.!
Zeuge 12	Ich kann mich nicht erinnern!
Richter	*(liest)* »... innerhalb des Lagers für Fahrten mit Häftlingen von der Rampe zu den Gaskammern. Wenn nicht genug Lebensmittel zu transportieren waren, auch Häftlinge. 50 Häftlinge, stehend auf dem Fahrzeug. Die LKWs transportierten Häft-

	linge von Auschwitz nach Birkenau. Später, von der Rampe in Birkenau, nur noch Gebrechliche.« – Dies ist Ihre Aussage vom 12.8.1963.
Zeuge 12	Ich kann mich nicht erinnern.
Richter	*(weist auf anfängliche Belehrung in Bezug auf Wahrheitspflicht hin)* Ich kann mir nicht vorstellen, dass man solche Dinge vergisst. Also, wo sind Sie hingefahren? Sie haben die Menschen von der Rampe abgeholt und zu den Gaskammern, den sogenannten Bunkern gebracht.
Zeuge 12	Ja.
Richter	Mit der weiteren Behandlung hatten Sie nichts zu tun?
Zeuge 12	Ich wusste nichts, ahnte nur.
Richter	Was geschah mit den Kleidern?
Zeuge 12	Die wurden an Ort und Stelle aussortiert.
Richter	In der Effektenkammer oder im Lager?
Zeuge 12	Effektenkammer.
Richter	Auschwitz oder Birkenau?
Zeuge 12	Birkenau.
Richter	Erinnern Sie sich an den Transport von Effekten?
Zeuge 12	Kann mich nicht erinnern.
Richter	Hatte die Effektenkammer einen besonderen Namen?
Zeuge 12	*(gibt vor, nicht zu verstehen)*
Richter	Gab es überhaupt Namen für Lagerteile? Zigeunerlager, Kanada …
Zeuge 12	Ja, das war die Effektenkammer.
Richter	Haben Sie sich dort aufgehalten?

Zeuge 12	Da durfte niemand rein, das war besonders abgeteilt. Kanada hatte keine eigene Küche.
Richter	War das die ganze Zeit so?
Zeuge 12	Ich kann mich nicht erinnern.
Richter	Sie waren 2 ½ Jahre dort! Gab es u. U. Veränderungen?
Zeuge 12	*(sieht den Richter fragend an)*
Richter	Es gab doch eine Veränderung: der Bau neuer Bahngleise. Ging Ihre Tätigkeit auch von der Rampe Birkenau aus?
Zeuge 12	Nein, da brauchte man keine LKW mehr.
Richter	Zu den Bunkern: Haben Sie Kleider liegen sehen, Menschen wiedergesehen? Was geschah? Wurden sie vergast?
Zeuge 12	Das hat jeder gewusst.
Richter	Wurden sie auch in der Grube verbrannt?
Zeuge 12	Ist möglich.
Richter	*(zitiert)* »Ich habe gesehen wie hinter den Bunkern zur Weichsel hin in der Grube Leichen verbrannt wurden.« So ihre Aussage 1963.
	(weiter) Auch Sonderaktionen[56] sollen stattgefunden haben. Ich wiederhole: *Sonderaktionen.* – Was verstand man darunter? Die Beteiligten an Sonderaktionen bekamen Sonderrationen: Schnaps, Zigarren, Wurst.
	Erinnern Sie sich?
Zeuge 12	*(schweigt)*
Richter	*(zitiert weiter)* »Während des Aufenthalts in Auschwitz bemühte ich mich, zurück zur Front

---

56 Verhüllend für Exekution. Vgl. Schmitz-Berning, S. 583 f.

geschickt zu werden.« In diesem Zusammenhang: »Da wir durch diese Sonderaktionen zu Geheimnisträgern geworden waren, war es ausgeschlossen, wieder aus Auschwitz wegzukommen.«

Zeuge 12   Ist ja auch keiner mehr weggekommen.

Richter   Warum gab es für Sonderaktionen auch Sonderrationen?

Zeuge 12   Es ging um die Vernichtung ganzer Menschentransporte.

Richter   *(zitiert)* «Von der Sonderration Schnaps und Zigarren hat die Fahrbereitschaft nichts bekommen. Nur Angehörige des Sonderkommandos!«

Zeuge 12   Wir nicht!

Richter   *(hält vor)* » … Auch ich habe, wenn ich an einer derartigen Aktion teilgenommen habe, eine solche Sonderration bekommen …« – Was ist eine *Sonderaktion*? Sie haben in zwei früheren Aussagen darauf hingewiesen. 1963: »nie beteiligt«; 1983: »beteiligt. Ja, Rationen.«

Zeuge 12   Ich kann mich nicht mehr erinnern!

Richter   Das muss doch etwas Herausragendes gewesen sein?

Zeuge 12   Kann sein. Da war eine Ruhrepidemie. Kann sein, dass wir dagegen Schnaps bekamen.

Staatsanwalt   *(beantragt erneut Belehrung)*

Das Gericht zieht sich zur Beratung zurück, die Verhandlung wird kurz unterbrochen. Danach kehrt das Gericht zurück in den Gerichtssaal.

Richter   Ich belehre den Angeklagten – äh, den Zeugen:

	a) Er darf die Aussage verweigern in Hinblick auf evtl. Strafverfolgung bezüglich Tötungshandlung.
	b) Was war unter Sonderaktion zu verstehen?
Zeuge 12	Ich will die Aussage nicht verweigern. Ich kann mir wirklich nicht vorstellen, was damit gemeint wurde.
Richter	*(wiederholt Aussage)* … Nicht nur im Epidemiefall!
Zeuge 12	Kann mir nichts andres drunter vorstellen …
Richter	*(beharrt)* Was verstand man unter »Sonderkommando«?
Zeuge 12	Alles, was mit Effekten zu tun hatte.
Richter	Auch mit Vergasung? In einer früheren Aussage waren Sie präziser. 10 bis 15 SS-Leute, 150 Häftlinge. – Die Erklärung steht noch aus. Das mit der Epidemie kommt nicht so ganz hin.
Zeuge 12	Ich weiß nichts anderes.
Richter	Bunker. Verbrennung. Der Geruch war weithin wahrnehmbar. Roch es weithin nach verbranntem Menschenfleisch?
Zeuge 12	Jawoll.
Richter	Kamen Sie während Ihrer SS-Zeit mit dem Namen »Weise« in Berührung? Gottfried Weise?
Zeuge 12	Nein!
Richter	Auch, wenn Sie ihn hier jetzt sehen?
Zeuge 12	Kann mich nicht erinnern.

(Beide, der Angeklagte und der Zeuge, mustern sich. Weise starr, ungerührt.)

(Der Richter bittet den Wachtmeister nach vorn. Vorgelegt wird Skizze III. Es folgt die Lokalisierung der Lage der Gebäude »Prager Halle«, »Bunker« »Krematorium«. Zeuge 12 bestätigt nochmals, dass im Kanada-Lager keine Küche war.)

Richter	Wissen Sie, was mit den Effekten geschah? Wurden auch Effekten auf LKW verladen und unmittelbar nach Berlin gebracht?
Zeuge 12	War die Rede von.
Richter	Haben Sie eventuell von Zyklon B gehört?
Zeuge 12	Möglich. Man hat davon nicht gesprochen.
Richter	Waren Sie bewaffnet?
Zeuge 12	Nein!
Richter	Andere?
Zeuge 12	Kann sein.
Richter	Was trugen die Dienstleute?
Zeuge 12	Gewehr.
Richter	Haben Sie etwas vom Aufstand mitbekommen?
Zeuge 12	Ich glaube, der war im Hauptlager. Wir haben nichts davon bemerkt.
Richter	Der war nicht im Hauptlager, sondern in Birkenau!
Zeuge 12	Nicht bekannt. Ich weiß, dass einmal ein Aufstand war, aber Näheres weiß ich nicht.
Verteidiger 2	Welchen Weg haben Sie mit dem Wagen in Auschwitz zurückgelegt?
Zeuge 12	*(bezeichnet den Weg)*
Richter	Ich möchte die Vereidigung zurückstellen, der Zeuge soll Platz nehmen.

Auf eine Vereidigung wird letztendlich verzichtet. Der Zeuge kann entlassen werden.

II.c Das Urteil und die Folgen

Am 28. Januar 1988 wurde vor dem Landgericht in Wuppertal das Urteil gesprochen. Der Angeklagte wurde wegen fünffachen Mordes zu einer lebenslangen Freiheitsstrafe verurteilt.[57] Der Verurteilte legte Revision ein und wurde gegen eine Kaution von 300.000 DM zunächst auf freien Fuß gesetzt. Für diese Entscheidung sprach in den Augen der Justiz eine feste Einbindung in sein familiäres und soziales Umfeld. Unter anderem soll er seinem einzigen, behinderten Enkelkind ein liebevoller Großvater gewesen sein.

Nach Ablehnung seines Revisionsbegehrens durch das Oberlandesgericht Düsseldorf als nächsthöhere Instanz im April 1989 entzog er sich seiner Verhaftung durch Flucht. In Begleitung seiner Frau und seines Sohnes fand er Unterschlupf in der Schweiz. Auf welche Weise er entkommen konnte und wer seine Helfershelfer waren, bleibt offiziell ungewiss. Vermutet wird das Netzwerk »Stille Hilfe«, das den Schwerpunkt seiner Aktivitäten auf die Unterstützung ehemaliger Angehöriger der Waffen-SS legt. Unter dem Aliasnamen »Gerhard Sieber« gelang es Weise zunächst, sich über einen Zeitraum von drei Monaten in einem Haus in Faulensee im Kanton Bern zu verstecken. Wenn schon nicht die deutsche Justiz, so ereilte ihn hier schließlich sein Schicksal: Er erlitt einen Schlaganfall[58], der die sofortige Aufnahme in Schweizer Krankenhaus notwendig machte. Hier endlich wurde er von Beamten des BKA aufgespürt und erneut verhaftet.

Dass ein ungebrochener Kontakt zur »Stillen Hilfe« bestand,

---

57 Vgl. online-Publikation des Urteils durch das Landgericht Wuppertal und diverse andere. Sinngemäß paraphrasiert, wie im Literaturverzeichnis belegt

58 Andere Quellen sprechen von einem »Herzinfarkt«

137

belegt dieser Auszug aus einem Brief, den Weise der Organisation nach seiner Ergreifung, am 22. April 1990, zukommen ließ:

»Man muß doch den Verstand verlieren, wenn man von deutschen Richtern lebenslänglich verurteilt wird für drei Morde, die vor 46 Jahren in einem Lagerbereich passiert sein sollen, den ich nicht eine Sekunde betreten habe. Dafür richtet man in diesem Rechtsstaat intakte Familien zugrunde. Und da soll man an solchem Irrsinn nicht verzweifeln?«[59]

Nach seiner Genesung wurde er endlich seiner Strafe zugeführt. Ob die insgesamt sieben Jahre, die Gottfried Weise in der Strafanstalt Bochum absitzen musste, »gerecht« genannt werden sollten, bleibt zweifelhaft. Fakt ist, dass die Strafe des mehrfachen Mörders am 4. April 1997 auf Betreiben des der SPD angehörigen Justizministers von NRW, Franz-Josef Kniola, aus »humanitären Gründen« ausgesetzt wurde. Dies geschah allerdings unter dem Vorbehalt der endgültigen Entscheidung über ein Gnadengesuch durch den damaligen Ministerpräsidenten des Landes, Johannes Rau. Unter öffentlichen Protesten, sowohl des Internationalen Auschwitz-Komitees als auch kritischer Stimmen aus der eigenen Partei wurde dem Antrag Kniolas stattgegeben und Weise war ein freier Mann.

Bemerkenswert ist die Begründung, die der Christenmensch Johannes Rau angesichts des massiven Protests verkündete: Bei Weises Freilassung handle es sich nicht um eine »Begnadigung«, sondern lediglich um »Haftverschonung auf dem Gnadenweg.«

Um weiterer Protesten begegnen zu können, entschlossen sich die zuständigen Behörden, die »Kriegsopferrente« zu streichen, die Weise immerhin 45 Jahre lang wegen der Verletzung an der Ostfront bezogen hatte.[60]

---

59 Schröm/Röpke, Stille Hilfe, S. 63
60 Schröm/Röpke, ebenda

III. Anstelle eines **Nachwort**s

Die zweite Fahrt nach Auschwitz (1989)

Ende Oktober 1989, es ist das auf den Prozess folgende Jahr, ergibt sich die erneute Teilnahme an einer Reise nach Auschwitz. Eine Gruppe von Interessierten aus Wuppertal und der näheren Umgebung fährt, von der Volkshochschule organisiert, mit dem Bus in die Internationale Begegnungsstätte der Aktion Sühnezeichen in der südpolnischen Kleinstadt Oświęcim.

Von dort aus werden wir täglich ins Lager gefahren, hören Vorträge, erleben Zeitzeugengespräche und lassen uns durch mir bereits bekannte und weitgehend von renovierenden Eingriffen verschont gebliebene Lagerabschnitte führen. Ein bisschen Laubfegen als ehrenamtlicher Einsatz bestimmt ansonsten den Ablauf der wenigen Tage unseres Aufenthalts. Bereits beim nächsten Sturm wirbeln die Blätter wieder durch die Luft und suchen sich einen anderen Ort.

Laubfegen. Symbolträchtiger kann ein Annäherungsversuch, zeitlich eingegrenzt und mit vorgegebener Themenstellung, kaum sein.

Am Tag vor der Rückreise der Rundgang durch Birkenau, den Handlungsort der vorliegenden Prozess-Mitschriften. Wie von selbst vollzieht sich die Projektion des noch immer nicht in vollem Umfang Fassbaren auf herbstgelbe Wiesen, Stacheldrahtzäune und noch vorhandene, scheunenähnliche Bauten. In ihrer auffallenden äußeren Schlichtheit haben sie Ähnlichkeit mit Pferdeställen. Einst dienten sie als Pferdeställe.

Betritt man eine dieser ehemaligen Unterbringungsbaracken

für Häftlinge, so prallt man zunächst zurück vor dem Anblick der sich zu beiden Seiten schier endlos weit in den Raum hinein erstreckenden Dreistock-Pritschenlager aus grau gewordenem Holz. Von Betten zu reden, verbietet sich von selbst. Knapp unterm Giebel und dennoch gut sichtbar sind an zwei gemauerten, die Statik absichernden Pfeilern breite Holzplanken befestigt. Darauf, von Häftlingshand einst in säuberlicher Frakturschrift gepinselt: *Im Block Mützen ab.* Daneben, auf Polnisch: *W bloku czapkę zdejmij.* Weiter hinten im offenen Raum ist ein ähnlich aussehendes Schild mit der Drohung: *Eine Laus – Dein Tod* zu erkennen. *Wesz – twoja śmierć.* Den hierin enthaltenen Zynismus versteht, wer Kenntnis von den katastrophalen hygienischen Verhältnissen im Lager hat.

Schornsteine ragen vereinzelt aus karg bewachsenem Grund, Mahnmalen gleich – verräterische Relikte der in Eile vor dem absehbaren Herannahen der Roten Armee demontierten Krematorien. Menschen kreuzen den Weg und verschwinden im selben Moment, die Spuren der Toten hinterlassen stets schwächer werdende Abdrücke. Noch eine Weile werden sie denen, die hier einen letzten gemeinsamen Gang über weite Brachflächen machen, erscheinen. Für die Zeitspanne, die ein Traum andauert. In Holzpantinen, barfuß. In Häftlingskleidung, nackt. Dann gehen sie wieder, machen anderen Traumakteuren Platz. Als hätte es sie nie gegeben. Nichts als Asche ist geblieben und das, was sonst vom Verbrennen bleibt.

Asche und Knochenreste wurden unter anderem für den Straßenbau im Lagerbereich verwendet. Davon haben wir in Vorträgen gehört. Eine Frau bückt sich, hebt einen seltsam geformten Kiesel auf. Er ist zu leicht für einen Stein. Mit einem kaum hörbaren Aufschrei wirft sie ihn von sich.

Auf der Rückfahrt von Auschwitz ins Bergische Land machen wir Station in Warschau. An die Frontseite des Hotels, in dem wir die letzte Nacht in Polen verbringen werden, ist der Schriftzug »ŻYD« gesprayt. Jude. Tendenzen offenbaren sich unberufen, Epochen und Länder verbrüdern sich im Ungeist der gemeinsamen Vergangenheit, der potentiellen Zukunft.

Es ist der 4. November 1989. Auf dem Alexanderplatz im noch geteilten Berlin findet am selben Tag die erstmals vom Volk selbst ausgerichtete große Demonstration statt. Dass ausgerechnet dies Datum den Beginn einer Zeitenwende markieren wird, kann kein Teilnehmer der Gruppe ahnen. Grenzen werden fallen oder sich verschieben, neue Konflikte werden sich anbahnen. Nie mehr wird das Land, aus dem wir gekommen sind, in das wir nun zurückfahren werden, dasselbe sein.

V. Zum Weiterlesen:

Adler, H.G./Hermann Langbein et al. (Hgg.) Auschwitz. Zeugnisse und Berichte. Köln u. Ffm1962. Dritte, überarbeitete Auflage 1984
AutorInnen-Kollektiv. Auschwitz. Faschistisches Vernichtungslager. Warszawa 1988 (mit detaillierten Lageskizzen.)
Baum, Bruno. Widerstand in Auschwitz. Berlin (DDR) 1957
Bastian, Till. Furchtbare Ärzte. Medizinische Verbrechen im Dritten Reich. Orig.-Ausg., 2., veränd. Aufl. München. 1996
Bedürftig, Friedemann. Taschenlexikon Drittes Reich. 3. Auflage. Hamburg 1998
Gewehr, Birgit. Vita Hermann Goldstein (Stolpersteine Hamburg). Landeszentrale für politische Bildung Hamburg, Hamburg, 2014
Hart, Kitty. Aber ich lebe. Claassen, Hamburg 1961 (aus dem Engl. *I am alive.* Abelard Schuman, London 1961) Ü: Werner von Grünau
Klüger, Ruth. weiter leben. 20. Neuaufl. München 2013, Erstausgabe Göttingen 1992
Kogon, Eugen. Der SS-Staat. 2. Auflage. Hamburg 2014
Kühnert, Hanno, Endlich hinter Gittern. ZEIT-Magazin v. 04.08.1989
Kühnrich, Heinz. Der KZ-Staat. Die faschistischen Konzentrationslager 1933-1945. Berlin (DDR) 1950
Langbein, Hermann. .... nicht wie die Schafe zur Schlachtbank. Widerstand in den nationalsozialistischen Konzentrationslagern 1938-1945. Ffm. 1980
Naumann, Bernd. Der Auschwitzprozess. Bericht über die Strafsache gegen Mulka u.a. vor dem Schwurgericht Frankfurt am Main 1963-1965. Aktualisierte Neuauflage der Erstausgabe von 1965. Hamburg 2013
Schmitz-Berning, Cornelia. Vokabular des Nationalsozialismus. 2., durchges., überarb. Auflage. Berlin 2007

SPIEGEL 5/2015, Die letzten Zeugen. 19 Auschwitz-Überlebende berichten. S. 50 ff.

Schröm, Oliver u. Andrea Röpke. Stille Hilfe für braune Kameraden. Das geheime Netzwerk der Alt- und Neonazis. Berlin 2006

Steinbacher, Sybille. Auschwitz. Geschichte und Nachgeschichte., 3., durchges. Auflage München 2015

http://www.tenhumbergreinhard.de/1933-1945-taeter-und-mitlaeufer/personal-auschwitz-i--ii.html. Letzte Aktualisierung o.D.

Werle, Gerhard u. Thomas Wandres. Auschwitz vor Gericht. Völkermord und bundesdeutsche Strafjustiz. München 1995

Żywulska, Krystyna (d.i. Sonia Landau), Wo vorher Birken waren. Überlebensbericht einer jungen Frau aus Birkenau. Darmstadt. 1980 (aus dem Poln. *Przeżyłam Oświęcim, Warszawa 1949) Ü: nicht genannt.*

http://de.wikipedia.org/wiki/Gottfried_Weise_%28SS-Mitglied%29. Letzte Aktualisierung: 14. 07.2013

http://www.justiz.nrw.de/nrwe/lgs/wuppertal/lg_wuppertal/ j1988/25_Ks_130_Js_7_83_Z_29_85_V_Urteil_19880128.html. Letzte Aktualisierung o.D.

Notizen: